KB217763

信心銘

송원 설정 스님 수행이력

1942년 충남 예산 출생
1954년 수덕사로 출가
1955년 혜원스님을 계사로 사미계 수지
1961년 동산스님을 계사로 구족계 수지
1985년 덕숭총림 수덕사 주지
1994년 조계종단개혁 법제분과위원장 역임
1994년 ~ 1998년 조계종 중앙종회의장 역임
2009년 덕숭총림 제 4대 방장 추대
2011년 해인사에서 대종사 품수 법계
2017년 조계종 제 8대 원로회의 의원 추대
2017년 11월 1일 제 35대 조계종 총무원장 취임
2019년 현재 덕숭총림 수덕사 정혜선원에서 정진중

신심명

맑은소리
맑은나라

自從今身至佛身
堅持話頭切莫忘
唯願諸佛作證明
寧捨身命終不退

二千十九年臘月一日 張仁禪室

松原

머리말

석옥 선사의 이런 게송이 있다.

“흰 구름 사느라 맑은 바람 다 팔았더니
온 집안이 텅 비어 뼛속까지 가난일세.
머물던 곳 한 칸 띠풀집이여,
지금은 떠나야 할 때
꺼지지 않는 불길 속 그대에게 맡기네.”

나는 요새 계절의 끝자락에서 자연의 변화를 바라보며 허허로이 살고 있다.

석옥 선사의 시가 더욱 마음에 다가온다.

이제 모든 걸 털어내고 훌훌히 떠날 시간이다. 어디에도 붙잡힐 일이 아니다. 그런데 며칠 전 대전에 사는 혜광 수좌가 와서 부탁한다.

내가 3년 전에 경주 감산사에서 신심명을 강의했는데, 녹취를 풀어 책을 내려 하니 머리글을 써 달란다.

지극한 진리는 어려울 것이 없지.

간택만 하지 않는다면….

증애를 하지마라.
훤히 트여 진리는 분명해지리라.

삶과 죽음, 사랑과 증오, 옳음과 그름,
있는 것과 없는 것, 좋아하고 싫어하는 것,
더러움과 깨끗한 것들 마음에서 모두
털어버려라.
털어버린다는 생각마저도 털어버려라.
그리하여 무심으로 돌아간다면
신심명의 진실한 뜻을 알게 될 것이다.

2019. 가을 끝자락에서

송원 설정

차 례

제가 오늘부터 '신심명信心銘'이라는 의제를 갖고 2박 3일간 여러분들과 시간을 갖도록 하겠습니다.

부처님께서 영산회상靈山會上에서 보광삼매普光三昧에 드신 후, 불립문자不立文字, 교외별전敎外別傳, 열반묘심涅槃妙心과 정법안장正法眼藏을 가섭에게 전해주셨습니다. 그것은 백천삼매와 무량법문을 본래 구족하고 또 본래 청정하며 본래로 원명圓明하여,

시방세계에 빛나며 온갖 인연 속에서도 당당하여 걸림이 없고 자재한 것입니다.

때로는 향상일구向上一句로써 나타내고, 때로는 향하일구의 한 마디로써 나타내며, 때로는 최초의 한 마디를 하여 나타내며, 때로는 최후의 한마디를 해서 죽이고 살리고 주고 뺏음을 자유자재로 하는 것이었습니다.

조용을 동시로 하되 역순에 걸림이 없었고 어떠한 티끌에도 물들지 않았으며 시방세계에 올올히 당당해서 청정하고 활발발하기가 짝할 자가 없었던 것이었습니다.

두두물물이 그대로 보리菩提의 세계였고, 항하사와 같은 세계가 그대로 청정한 적멸도량이었습니다. 이것이 영원토록 자재하며, 영원토록 고요하고 밝으며, 영원토록 신령스러우며, 영원토록 원만히 통하고 광대하여 생사도 없고, 거래도 없으며 어떠한 형상과 언어로도 표현할 수 없는 것이었더라. 이것이 바로 교외별전인 선禪인 것입니다.

이 진리를 삼조인 승찬대사가 그대로, 그 도리를 다시 많은 중생들에게 천명하기 위하여 이 『신심명』이라는 가르침을 내놓으셨습니다. 『신심명』은 문자를 세우지 않고 바로 사람에게 마음을 가르치는 그런 도리를, 다시 한 번 중생에게 드러낸 것으로 이해하면 됩니다.

삼조 승찬대사는 584자로 된 이 『신심명』을 지었는데, 이것은 조사의 가풍이 갑자기 변하여 문자로 표현된 것이 아닙니다. 이것이 바로 사람의 마음을 가리키는 도를 나타내 보여서 뒤에 배우는 우리들로 하여금 바른 신심을 갖추게 한 것입니다. 삿된 것을 타파하기 위해서 이 『신심명』을 만들었습니다.

여기서 신信이란 무엇인가? 그 광대한 실체가 모두 부처님과 더불어 평등하며 거리가 없음을 믿음이라고 했습니다. 반드시 스스로 믿어서 수증修證을 지을 것 같으면 수증을 빌 필요도 없는데, 한 번 신信에 들어가면 결정코 물러나지 않는 것을 신信이라 했습니다. 신信이라고 하는 것이 어떤 과정 중에 있는 것이 아니라 이것은 결과적으로서, 결과의 어떤 체로서 우리에게 가르쳐 주신 것입니다.

이제 삼조 승찬대사에 대한 이야기를 드리고자 합니다.

삼조 승찬대사는 여러분도 아시는 분은 아시겠지만 많은 기록에 잘 나와 있지 않습니다. 언제 어디서 태어났는지, 이름은 무엇인지 그렇게 정확하지가 않습니다. 그러나 삼조 승찬대사의 경우를 보면, 초조 달마스님께서 혜가대사에게 법을 부촉하고 떠난 후, 혜가대사가 전법자傳法者를 기다리고 있는 그런 상황에서 마흔 살이 넘는 어떤 사람이 찾아왔습니다. 그 사람이 혜가대사에게 예배를 드리고 말씀 드리기를, "제가 병이 있어서 왔습니다." 그때 승찬은 문둥병을 앓고 있었습니다. "제 병을 스님께 참회합니다." 그러니 혜가대사는 달마스님이 자신에게 했듯이 승찬에게 묻습니다. "그 죄를 가지고 오너라. 네가 죄를 지어서 병을 앓고 있다니 그 죄를 가져오라." 죄를 아무리 찾아봐도 없으니 승찬은 "제가 아무리 찾아봐도 죄가 없습니다." "나는 너의 죄를 다 낫게 했느니라. 그대는 그저 불법승 삼보三寶에 의지하여 안주하라."

다시 승찬이 묻기를 "분명 승보는 갖춰졌는데 불보·법보는 어떤 것입니까?" "다른 게 아니고 너의 마음이 부처요, 너의 마음이 법이니라." 승찬은 이 말씀을 듣는 순간에 스스로 자기 자신을 깨닫게 됩니다.

이 말씀을 듣고 승찬대사는 "오늘 저는 비로소 큰스님의 뜻을 잘 알았습니다." 이렇게 아뢰니, 2조 혜가대사께서 법기法器인줄 아시고, 이름을 승찬僧璨이라고 했습니다. '스님 승僧자, 구슬 찬璨자 승찬, 그대는 나의 보배다, 스님 중에 가장 보배다.' 이렇게 해서 '승찬'이라 이름을 지어줬습니다.

몇 년 전, 제가 중국에 갔을 때, 환공산도 갔었고, 그곳을 둘러본 적이 있습니다.

혜가대사는 승찬대사의 머리를 깎아주고 승복을 입혀서 전법을 하게 되었고 비구계를 주었는데, 그 후 저절로 그동안 앓고 있던 문둥병이 나아 2년 동안 혜가대사를 지극 정성으로 극진히 시봉했다고 합니다.

전법을 한 내용이, '본래연유지本來緣有地야 본래 인연의 땅이 있어, 인지종화생因地種花生이라 땅을 인해서 씨도 나고 꽃도 피게 되느니라. 본래무유종本來無有種이니 그런데 본래 종자가 있는 것이 없어, 화역부증생花亦不曾生이라 꽃도 또한 일찍이 피는 것이 아니니라.' 이것이 전법게입니다.

혜가대사가 전법게를 지어 주고서 승찬스님한테 이르시기를 "나는 과거에 빚 진 일이 있어서 환채를 하러 가겠다." 환채還債, 빚을 갚으러 가겠다는 것이었습니다. 혜가대사가 업도라고 하는 곳을 가시게 되는데, 그 곳에서 34년 동안 교화를 하십니다. 그때 당시만 해도 교화를 할 수 있는 사회적 상황이 많이 어려웠습니다. 이 '직지인심直指人心 견성성불見性成佛'이라고 하는 가르침을 용납

할 수 없는, 소위 그때 당시 승려들은 용납을 할 수 없는 그런 형편이었고, 견성법을 이해하려고 해도 이해할 수가 없었던 그런 상황이었습니다.

'선禪'이라고 하는 것은 그 자체가 정신적인 혁명 행위입니다. 선禪은 우리가 과거에 살았던 모든 숙업과 정신을 바꾸는 일입니다. 우리 통념을 모조리 부숴버리는 것이 선禪이고, 선禪의 출발입니다. 우리 수행자들도 그렇습니다. 과거에서부터 모든 행위와 생각을 180도로 바꿔버려야 합니다. 그리고 자기가 가지고 있던 모든 관념들을 모조리 깨부숴 버리는 것에서부터 출발해야 합니다. 그렇지 않으면 선禪에 들어갈 수가 없습니다.

중국의 여러 시대를 지배한 각 도읍의 불교계는 수많은 경전의 해석과 비 온 뒤의 풀처럼 무성

한 이론들이 많이 발달했습니다. 바로 거기에서 진리의 핵심인 말 이전의 소식은 다 죽어버리고, 말의 총림을 이루고 있었습니다. 그런 현실을 타파하기 위해 선禪의 세계가 새로 꽃을 피우기 시작한 것이, 달마대사가 나오셔서 혜가한테 전법을 해주고 혜가스님이 승찬스님에게 전법을 함으로써, 처음으로 4조 도신, 5조 홍인 그때서야 비로소 선禪의 집이 만들어집니다.

그렇듯 선가禪家가 독자적으로 만들어집니다. 그전에는 어느 종에 붙어살거나 아니면 교종에 더부살이로 살다 보니까 선禪을 하는 사람들이 현실적으로, 상황적으로 비참하기 짝이 없었습니다. 그것은 말이나 글로 된 것이 아니라, 마음속의 칼을 뽑아서 내려치는 무위세계와도 같아서 초조 달마, 2조 혜가는 피살됩니다.

혜가스님도 갖은 박해를 당합니다. 말로 다할

수 없는 박해를 당합니다. 그렇기 때문에 혜가스님은 삼조 승찬한테 분부를 내립니다. "너는 앞으로 조심해라. 한 10년 이상은 조심해야 할 것이다."

그때 당시 중국에서 일어난 최악의 법난法難인 '무종의 난'이 있었습니다. 그 일로 인해 스님들 수십만이 환속을 당하고 수만 개의 절이 부수어집니다. "얼마 있으면 법난이 있을 것이니까 너는 절대 바깥에 나다니지 마라." 이렇게 부촉을 합니다. "스님 말씀 잘 새겨듣겠습니다." "이것은 내가 그런 것이 아니다. 달마스님께서 그 스승이신 스님한테 들으시고, 큰 법난이 있으니 그것을 피하라고 말씀하셨다."

이런 이유로 삼조 승찬은 환공산을 근거로 왔다 갔다 하면서, 중인지 속인인지 모를 정도로 속복을 입고 머리를 기르고 생활을 하였다고 합니다.

그리고 혜가대사는 삼조 승찬한테 그런 부탁을 하고 환채還債를 하겠다고 업도라는 곳에 가서, 시장에서 나무 장사도 하고 고기도 지고 다니며 팔고, 술도 팔고, 심부름도 하면서 살았습니다. 다른 사람들이 "스님이 왜 이런 이상한 모습을 하십니까?" "잔소리 마라. 내가 내 마음을 시험하기 위해서 이렇게 사는데 까불지 말고 아무런 소리 말아." 이렇게 핀잔을 주셨다고 합니다.

그런데 변화법사辨和法師라고 하는 '법화경'을 전공한 법사가 있었는데, 그 사람이 광구사匡救寺라고 하는 절에서 교화를 해서 아주 유명한 사람이었습니다. 그 변화법사가 가만히 보니까 혜가스님이 법문을 하면 보통 수십 명이 빠져 듭니다. 혜가스님은 살아있는 법문을 하니까 그럴 수밖에 없었지요.

어느 날 3년, 1000일 기도를 회향하는 날인데, 변화법사가 보니 자신이 주관하는 회향법회에는 사람들이 많이 참석하지 않는 것이었어요. 알아보니 시장 바닥에서 혜가스님이 법문을 하는 곳에 모두 모여 있는 것이었습니다. 얼마나 속이 터졌겠어요. 자기가 생각할 때는 선[禪]이라고 하는 것은 마구니들이, 절두꺼비들이 불교를 망치려고 하는 자들이 하는 것인데 자기 법문을 안 듣고 혜가스님에게 가서 몰려 있으니까 화가 나기 시작했습니다. 그래서 이 사람이 그때 그 고을 원님에게 무고를 했습니다. "저 놈이 사기꾼이다. 형편없는 놈이다. 저 놈을 당신이 처치해 달라." 그러니까 그 재상이 혜가를 데려다 강가에서 목을 쳐 죽입니다. 그런데 아주 조용히, 아무런 두려움이나 공포 없이 죽임을 당합니다. 이것이 선종이 처음 출발할 때 얼마나 곤욕을 당하고 어려움을 겪었는지를 알 수 있는 하나의 증거들입니다. 선禪이라는 것이 이렇게 어려운 과정을 거쳐 우리나라까지 들어와 지금 선수행을 하게 된 것입니다.

부처님께서 이 세상에 나오셔서 45년 동안 설법을 하셨지만 교외별전의 정신혁명을 가져오는 이 선禪의 세계, 이 세계를 그대로 고스란히 그 정신을 가지고 『신심명』을 만들었다고 하는 것을 기억해 주시기 바랍니다.

신심명

역해 설정

01 지도무난至道無難 유혐간택唯嫌揀擇이라.

지극한 도는 어려움이 없으며 오직 간택함을 꺼릴 뿐이다.

지도至道라는 것은 무엇인가. 우리 마음자리를 이야기하는 것입니다. 조사들은 그것을 일러 '지도至道'라고 했고, 모든 부처님은 그것을 증득해서 보리菩提라고 했습니다. 중생은 마음을 매했기 때문에 무명無明이라고 이야기를 합니다. 모든 경전에서는 그것을 본각本覺이라 했습니다. 그것이 우리 마음자리의 다른 이름입니다. 지도至道, 보리菩提, 무명無明, 본각本覺 이것들은 모두 우리 마음의 다른 이름입니다.

그러므로 조사들이 표현한 것은 '지도至道'라 하고, 부처님은 '보리菩提'라고 하셨고, 또 중생은 그 자리를 메웠기 때문에 '무명無明'이라 하고, 경전에서는 그것을 '본각本覺'이라 표현했습니다.

지도至道는 어려움이 없다. 유혐간택唯嫌揀擇이라. 간택만 꺼릴 뿐이다. 간택은 이것이 좋은가 아닌가, 해야 되나 말아야 되나, 좋으면 씹고 나쁘면 버리는 취사선택을 하는 것이 간택입니다. 이런 간택만 하지 않으면 됩니다. 진리는 취사선택, 그것만 하지 않으면 진리는 분명해진다는 말입니다.

간택揀擇과 증애憎愛라는 것이 나옵니다.

02 단막증애但莫憎愛면 통연명백洞然明白하리라.

증애나 간택이나 같은 말입니다. 다만 미워하고 사랑하지 않으면 모든 것이 뚫려서 환하게 분명해지리라.

간택揀擇, 증애憎愛하지 않으면 자성자리가 분명히 드러나서 우리의 이상적인 삶, 지극한 삶이 명백해진다는 것입니다. 어떤 것이 증애인가? 생사를 싫어하고 열반을 좋아하는 것이 증애입니다. 우리가 생사를 싫어하고 열반을 좋아하는 간택이 증애심을 일으키게 합니다.

또 번뇌를 버리고 보리菩提에 나아가려고 하는 것이 증애입니다. 가만히 생각해보면 우리는 모두 보리菩提에 나아가려고 하잖아요? 그런데 이 조사가 보기에는 번뇌煩惱를 버리고 보리菩提에 나아가려고 하는 그 자체가 증애憎愛라는 것입니다. 그렇기 때문에 일체 범부와 성인의 법 가운데 조금이라도, 터럭만큼이라도 증애심이 없다고 할 것 같으면 이것은 그대로 통연해서 명백해지는 것입니다. 도를 닦고 안 닦고, 참선을 하고 안하고 이런 이야기가 아닙니다.

삼조 승찬스님께서 결국은 그 마음자리가 드러나지 않는다고 하는 것은 자기 스스로가 어떤 모순에 빠졌느냐? 증애하고 간택하는 모순에 빠졌기 때문에 그렇다는 것입니다. 이것이 '지도는 무난이니 유혐간택이라. 단막증애하면 통연명백하리라'고 하는 네 구절의 내용입니다.

03 호리유차毫釐有差라도 천지현격天地懸隔일 것이다.

털끝만큼이라도 어긋날 것 같으면 하늘과 땅 사이처럼 멀어질 것이다.

호리毫釐라고 하는 것은, '호'는 가는 털, 붓의 촉만큼 아주 작은 것을 말하고, '리'는 것은 저울추의 조그만 점들을 '리'라고 해요. 그렇게 조그만큼이라도 차이가 있다고 하면 천지처럼 멀어질 것입니다. 어떤 차이인가요? 간택과 증애심을 없애야 한다는 원칙에서 아주 작은 차별이라도 두어서는 안 된다는 것입니다. 그러니까 공부를 하느니 안 하느니, 도를 닦니 안 닦니 이런 생각하지 말고, 간택하는 마음과 증애하는 마음, 이것이 감정 속에 하나도 없다고 한다면 지도至道는 그대로 분명하게 드러날 것이라는 이야기입니다.

04 욕득현전欲得現前인댄 막존순역莫存順逆하라.

진리가 앞에 나타나기를 기대한다면 순하고 거슬림을 두지 말라.

그 자리가 어떤 자리인가? 무엇이 현전인가? 지도가 현전입니다. 지극한 도가 현전하기를 바라거든, 역순을 두지 마라. 순종하고 거역하는 그런 분별을 두지말라는 것입니다. 역경계와 순경계, 마음에 역순의 분별을 두지말라는 것입니다.

05 **위순違順이 상쟁相爭하면, 시위심병是爲心病이라.**

이는 위에 역순이라는 말과 같습니다. 위순이 상쟁할 것 같으면, 어긋남과 순종함이 서로 다툴 것 같으면 즉 상쟁할 것 같으면, 시위심병是爲心病이라 이것이 마음의 병이라.

생사生死가 무상無常하다는 것도 병이 됩니다. 견문각지見聞覺知도 병이요, 참선학도參禪學道한다는 것도 병이요, 성불작조成佛作祖한다는 것도 모두 병입니다. 그것이 번뇌 망상이지요.

마음속의 역순 생각을 모두 없애고, 범부다 성인이다 하는 생각도 모두 없애고, 모든 생각을 다 쓸어버립니다. 그러면 지도至道가 자연적으로 공적해져서, 병을 고치려고 하지 않아도 자연적으로 고쳐지리라는 것입니다.

06 불식현지不識玄旨하면 도로염정徒勞念靜이라.

깊은 뜻을 알지 못하면 한갓 마음만 고요하게 하고자 할 뿐이다.

그 현묘한 이치, 종지, 현묘한 종지를 알지 못하면 공연히 생각만 고요히 하려고 노력할 뿐이다. 현지玄旨라는 게 뭐냐. 지도至道를 의미하는 게 아니겠습니까.

현지玄旨라는 것이 지도至道를 다른 말로 표현한 것입니다. 지도至道를 알지 못하면 한갓 마음만 고요히 하려고 애쓴다는 것입니다. 그래서 참선자 대부분이 무기공無記空에 떨어지고 단멸공斷滅空에 떨어지는 것입니다.

마음 밖에 법을 구한다는 것은 마음만 잘 정돈하면 되는 것인데, 공연히 바깥으로 향해서 이것저것 온갖 것을 모두 수정한다 하더라도, 이런 사람들은 스스로 힘만 들뿐입니다. 이것을 승찬스님께서 그런 짓들 하지 말라고 하신 것입니다.

사실 우리가 정진을 하다보면 심보부터 고쳐야 됩니다. 승찬스님과 다른 이야기입니다만 부처님께서, 또 역대 선지식께서 우리한테 가르치신 것이 '자리이타自利利他'입니다. 그 자리이타의 틀을 벗어나선 안 됩니다. 중은 정진하기 전에 그 삶을 경건한 마음으로 고쳐먹어야 됩니다. 정성스럽고 경건한 마음을 가졌을 때 도道에 들어가는 것입니다. 그 경건한 마음은 온갖 생각을 모두 내려놓고 오직 일체 중생을 사랑해야 되겠다는 자비심이 마음속에 있어야 됩니다. 자비심이 없는 공부는 성취되지 않습니다. 설사 공부를 해서 어느 정도 성과가 났다하더라도 그것은 마경魔境에 빠져서 다른 생명들을 괴롭힐 수 있는 가능성이 백프로입니다.

요즘 우리들의 공부하는 자세나 사고방식은 어떻습니까. 냉정하고 아주 매몰차고, 물론 공부하면서 인정에 끄달려서는 안 되겠지요. 그렇지만 일상생활에서도 도道를 제대로 성취 못하고 정진력도 쌓여 있지도 않으면서 그렇게 오만하고 건방 떨고 매몰찬 그런 마음을 가지고 있다면 그건 도道하고는 점점 멀어지는 것이지 공부가 제대로 되지 않습니다.

삼조 승찬스님의 그 말씀 가운데는 이런 내용이 은은히 다 배어 있습니다. 도道 닦는 이들이 정말 심보를 고쳐야지, 심보도 안 고치고 도道 닦는다고 앉아 있으면 거기에는 이상스런 작태만 벌어집니다. 중생을 구제하기 보다는 옆에 있는 동료에게까지도 불편을 주게 되고, 그러다 보면 화합을 깨는 것이 되는 것입니다. 화합승이 중요합니다. 화합을 깨는 짓을 해서는 안 됩니다. 최소한

상식선이라도 갖는 중노릇을 해야지, 상식을 벗어나는 행동을 하면서 중노릇을 하는 것은 안 됩니다.

07 원동태허圓同太虛 무흠무여無欠無餘라.

원동태허란 우리 마음자리가 둥글어 태허공과 같아서 조금도 모자람이 없고 남는 것도 없더라.

태허공太虛空같은 마음자리가 이렇게 있음으로, 모자랄 것도 없고 남을 것도 없다. 이처럼 근사한 말이 또 어디에 있습니까. 기가 막힌 가르침입니다.

범부에 있건 성인에 있건 이 마음자리는 똑같습니다. 원동태허인 것입니다. 항상 구족하게 절대적으로, 조금도 모자람이 없이 다 구족하게 있기에 불에 들어가도 타지 않고, 물에 들어가도 젖지 않고, 천상에 올라가도 천상락天上樂을 받지 않고, 지옥에 들어가도 지옥고地獄苦를 받지 않는 것이 우리 본 마음자리인 것입니다.

그런데 영원히 변치 않는 한 물건이 있습니다. 그것을 일러서 불생불멸不生不滅이라고 하는 것입니다. 그 불생불멸은 자성 자리, 이것이 원동태허 무흠무여한 자리입니다. 그것은 영원히 변하지 않습니다.

08 **양유취사**良由取捨**면 소이불여**所以不如**니라.**

진실로 취사선택을 할 것 같으면 그것으로 인하여 여여하지 못하리라.

양良자는 진실로 그러한데라는 뜻입니다.

소이연이야, 소이인연. 그런 까닭으로 여여하지 못하다. '여여하지 못하다'라고 함은 자유스럽지 못하다는 것입니다. 떳떳하지 못한 것, 당당하지 못한 것, 이 마음은 이미 태허공과 같아 모든 걸 갖추지 않은 것이 없기 때문에 모두 여여하다고 그러는데, 만약 어떤 사람이든지 그 염정법 중에, 정법과 염법 가운데 조금이라도 취사하는 생각을 내게 되면 그때부터 부자유스러워지게 됩니다. 즉 여여하지 못하게 됩니다.

09 **막축유연**莫逐有緣**하고 물주공인**勿住空忍**하라.**

인연도 좇지 말고 공인에도 머물지 말라.

집착하는 마음, 이것이 생사연의 근본 아니겠습니까. 취사하고 집착하는 마음만 없애라. 그리하여 일념불생一念不生할 것 같으면, 한 생각도 나지 않으면 항상 중도中道에 있기에 해탈자재인解脫自在人이라 하는 것입니다.

10 **일종평회一種平懷면 민연자진泯然自盡하리라.**

한가지를 바로 지니면 사라져 저절로 없어지리라.

그 일종이라는 것이 뭐겠습니까? 그것이 자성자리입니다. 그리고 그것은 중도입니다. 일종을 평회할 것 같으면, 즉 마음속에다 잘 간직하게 되면 민연자진하리라, 사라져 저절로 없어지리라. 무엇이 없어지겠습니까? 집착심이나 간택심 이런 것들이 한꺼번에 없어진다는 말입니다.

부동도량不動道場에 무생법인無生法忍이요, 무슨 법이냐….

부동도량不動道場에 무생법인無生法忍이요,

호월조창비皓月照窗扉 청풍계병침清風屆屏枕이라

동하지 않는 도량에 무생법인이 만들어져 흰 달이 창가를 비추는데 맑은 바람은 베개 밑으로 스며드느니라.

이것은 서사시 같은데, 이럴 때 부동도량이 되고 또 무생법인이 만들어지고, 바람이 불어서 베개 밑을 스치고 가는 그 자체도 무한한 무진설법의 향기가 아니겠는가라는 이야기입니다.

11 지동귀지止動歸止하면 지갱미동止更彌動이리라.

움직이는 것을 그쳐 그침으로 돌아간다고 하면 그침이 다시 큰 움직임이 되리라.

육조 스님이 어디를 갔는데 두 스님들이 싸움을 하고 있었습니다. 번幡이 움직이느냐, 바람이 불어 움직이느냐고 서로 설전을 하고 있었습니다. 그것은 자기 마음이 움직여서 그런 것이거든요.

그 마음을 쉬기만 쉬면 설사 시끄러운 시장 가운데서도 그곳은 적멸도량이 됩니다. 마음을 쉬지 못하니, 그저 조용한 적정처에 있어도 항상 시끄러운 것입니다. 공부해서 힘을 기르려고 하지 아니하고, 더 집중수행해서 정진력을 증장시키려고 하지 아니하고 형식적인 것에서 공부를 하겠다고 하는 그 자세, 그것은 바른 자세가 아닙니다. 진정으로 우리가 공부하겠다는 마음을 갖는다고 한다면 시끄러움 속에서 그 힘을 길러야 됩니다.

동이라는 것도 망동이고 지라는 것도 망지입니다. 지를 가지고 동을 잡으려고 한다면 마치 무엇과 같을까요? 불타오르는 숲을 마른 쏘시개를 가지고 불을 끄려는 것과 마찬가지입니다. 이건 중봉스님의 경책입니다.

중봉스님이 말씀하시기를,

이망지망유포신구분以妄止妄猶抱薪救焚 지익기치의只益其熾矣

(너희들 공부하는 사람들이) 그치는 것으로, 지로써 동을 잡으려고 한다는 것은 마치 마른 쏘시개를 가지고 불을 끄려는 것과 같아서 불길을 키우는 꼴이 될 뿐이다.

이 이야기를 우리는 정말 잘 새겨들어야 됩니다. 그것은 불만 더 치성하게 할 뿐입니다. 동을 정에서 찾기 때문에 비록 동하나 항상 고요하다는 이 도리를 알아야 합니다. 동을 없애지 않고 정을 구하기 때문에 비록 정하나 동을 여의지 않습니다. 동정이 일여한 생각이겠지요. 이렇게 공부를 지어가야 합니다.

12 유체양변唯滯兩邊이니 영지일종寧知一種이요.

오직 양변에 막힘이라, 어찌 일종을 알 수 있겠는가.

오직 양변에 걸려 있으니 무슨 양변일까요? 동정이라고 하는 양변에 걸려 있습니다. 동정이라고 하는 두 상에 걸려 있는데 어찌 일종을 알 수가 있겠습니까.

일종은 앞에서 말씀드렸습니다. 지도至道입니다. 중도라고도 할 수 있습니다. 지도至道와 중도입니다. 일종을 알 길이 없어, 지도至道를 알 길이 없다는 의미입니다. 그러므로 동정, 두 양변이라고 하는 것을 '망즉구망妄則俱妄 진즉전진真則全真'이라고 하는데, 이것을 잘 알아야 합니다. 동정의 일여한 도리만 알면 망이라고 볼 때엔 전체가 망이고, 진이라고 볼 때는 전체가 진이 됩니다. 그런데 어찌 두 이치가 있을 수가 있겠습니까. 두 이치가 있다고 인증하고 생각하면 그것은 참 도가 아닙니다. 일종으로 갈 수가 없습니다. 일종을 알 길이 없는 것입니다.

13 **일종불통一種不通하면, 양처실공兩處失功이니라.**

한가지를 알지 못하면 두 곳에서 공을 잃어버린다.

그 일종 즉, 중도를 알지 못하면, 지도를 알지 못하면 양처실공兩處失功이니라. 양처가 어디겠습니까? 진망眞妄이요, 미동彌動이요, 지동止動입니다. '진망과 미동, 생사와 열반, 이런 것에서 다 공로를 잃어버리고 말 것이다.'라는 말입니다. 일종을 통하지 않으면 양쪽으로 공로를 다 잃어버리게 될 것입니다.

14 견유몰유遣有沒有요 종공배공從空背空이니라.

유를 버리려고 하면 유에 빠지고, 공을 좇아가면 공과 어긋난다.

유를 버리려고 할 것 같으면 유에 점점 빠져들고, 유를 버리려고 하면 오히려 유에 점점 더 빠져들게 됩니다. 종공배공이니라, 공을 좇아가게 되면 공리와 어긋나게 됩니다. 유를 버리려고 하면 유에 빠져버리고 공을 좇아가면 공을 배반하게 될 것입니다.

유라는 것은 공을 의지해서 있고, 공은 유를 의지해서 있습니다. 그리고 공이라는 것은 유를 의지해서 나타나고, 또 유는 공을 의지해서 나타나게 됩니다. 공은 모든 것, 어떻게 보면 공은 온전한 유고, 유는 온전한 공이 됩니다. 공과 유가 둘이 아니라고 하는 생각, 그리고 공과 유가 나눠질 수가 없습니다. 사실은 우리가 중생의 견해로 나눠서 그렇지, 나누려고 해도 나눌 수가 없는 것입니다. 그것은 '호융호섭互融互攝'이 됩니다. 서로가 융통하고 서로가 물려 있습니다. 호섭입니다. 전혀 차별이 없으므로 그걸 '상즉상입相卽相入'이라고 합니다.

유가 공을 떠날 수 없고, 공이 유를 떠날 수가 없는 것, 그것을 상즉상입이라고 합니다. 서로가 존재하고 서로가 맞물려 있다는 것입니다. 그렇게 있더라도 전혀 모순이 없는 상태입니다.

내가 중봉스님의 아주 멋드러진, 회화 같은 게송을 하나 읊겠습니다.

여하삼척모첨하如何三尺茅簷下에 운월계산반적요雲月溪山伴寂寥로다.

어찌 석 자의 띠집 밑에서 구름과 달과 시냇물과 산을 벗 삼는 고요함만 같겠는가.

15 다언다려多言多慮하면 전불상응轉不相應이니라.

말이 많고 생각이 많으면 점점 더 상응할 수 없다.

말이 많고 생각이 많으면 점점 상응치 못 한다는 것인데, 이것을 아주 조금 의역을 하면 이해하기가 좀 더 쉬워집니다. '말이 많고 생각이 많으면 점점 멀어진다.' 이렇게 의역을 하면 됩니다. 글자대로 새기면 '말이 많고 생각이 많으면 점점 더 상응할 수가 없다.'인데 이것을 이렇게 풀이하면 이해가 덜 되니까 '말이 많고 생각이 많으면 점점 멀어진다.'라고 하면 됩니다.

뭐가 멀어질까요? 중도에서 멀어지고 지도에서 멀어진다는 것입니다.

달마대사가 말씀하시기를 '외식제연外息諸緣하고 내심무천內心無喘하라'고 했습니다. 이 말씀은 '다언다려하면 전불상응이라'는 것과 그 뜻이 같습니다. 외식제연하고 내심무천하라, 밖으로 모든 인연을 끊어버린 즉, 그 말을 잃어버리게 됩니다. 모든 인연들을 다 만나지 않고, 다 끊어졌는데 누구하고 얘기를 합니까? 허공 보고 얘기할까요? 이야기가 다 끊어졌는데…

그래서 참선하는 이들은 가능하면 입을 털지 말아야 됩니다. 입을 털게 되면 에너지가 전부 입으로 쏠려버립니다. 그렇게 입을 털어 에너지가 쏠리게 되면 안이 허전해집니다. 안이 실답지 않게 되는 것이지요. 그래서 묵언을 그렇게 강조하는 이유가 여기에 있습니다. 그 에너지를 우리가 공부하는 데 집중할 수 있는 가장 좋은 방법이 묵언입니다.

묵언을 하게 되면 모든 바깥의 반응이 다 떨어질 뿐만 아니라 에너지를 집중하는 데 가장 효과적입니다. 그래서 달마스님께서 '외식제연外息諸緣하라'고 하셨습니다. 내심무천內心無喘이라, 안의 마음을 헐떡거리지 마라. 혼자 있어도 망상을 얼마든지 할 수 있는데, 우선 외식제연이 되고 나면 내심무천이 점점 자리잡게 됩니다. 그래서 바깥으로 모든 인연을 끊어버린 즉 말이 없게 되고, 할 말이 없어집니다. 내심무천 즉, 안의 마음이 헐떡거리지 않은 즉, 모든 생각을 쉬게 됩니다. 그렇기 때문에 '언다려'가 얼마나 나쁘다는 것을 이해해야 됩니다.

그리고 우주의 에너지는 하나이기에 공부하는 사람들이 그 에너지를 어디로 집중하느냐에 따라서 그 에너지가 변합니다. 유정무정이 똑같습니다. 만약 에너지가 장미꽃에 집중되게 되면 장미꽃은 그 모습으로 나오게 되어 있습니다. 사람도 참선을 하는 데 화두에 오직 집중하게 되면 화두에 전부 몰립니다. 싸움하는 데 집중하게 되면 싸

움꾼이 됩니다. 그리고 특히 젊은 남자 스님들의 가장 본능적인, 성적인 면도 마찬가지입니다. 공부하는 것으로 집중해버리면 그런 것은 완전히 없어져버립니다. 본능적인 것이 모두 다 없어집니다. 처음부터 점점 줄어들어서 모두 없어져버립니다.

참선이든, 주력이든, 염불이든 거기다 집중하는 것입니다. 집중하면 내심무천도 자연적으로 되고, 외식제연이 안 될 수가 없습니다. 그래서 외식제연과 내심무천을 하게 되면, 에너지가 공부하는 곳으로 가게 되니 공부가 안 된다고 걱정할 것이 아무 것도 없지요. 이것도 하지 않으면서 공부가 안 되니, 화두가 잘 안 되니 하는 것은 그건 핑계일 뿐입니다. 여러분들은 아마 경험을 하셨을 줄 압니다. 외식제연하고 내심무천하면서 한번 공부해보십시오. 확실하게 여러분들은 '그 에너지가 집중돼서 공부를 심화시킬 수 있다'고 하는 그 것을 당장 느끼게 될 것입니다. 한 철 수행에 느끼게 되지요. 경험을 안 해본 사람들은 해볼 필요가 있습니다.

우리 출가한 스님들은 그 에너지를 집중하는 방법을 알고 공부해야 합니다. 그것이 '다언다려多言多慮 전불상응轉不相應'입니다. 이것을 이해하고 잘 알아서 하게 되면 상당히 공부에 도움이 될 것입니다.

16 절언절려絶言絶慮하면 무처불통無處不通이라.

말과 생각이 끊어지면 어느 곳인들 통하지 않으랴.

이 글을 글자대로 새기면 말을 끊어버리고 생각을 끊어버리면 통하지 않는 곳이 없다는 것입니다. 이렇게 문자대로 새기면 어느 곳인들 통하지 않으랴, 다 통할 수가 있다는 말입니다.

'절언즉언어도단切言卽言語道斷'이라고 합니다. 말을 끊어버린 즉 언어의 길이 다 끊어지게 됩니다. '언어도단즉적이조言語道斷卽寂而照' 언어의 길이 완전히 끊어버린 즉 고요해지면서 비춰지므로 적이조라고 하는 것입니다. '심행처멸즉조이적心行處滅卽照而寂'이 됩니다. 두 가지가 이렇게 적이조가 되고, 심행처멸 되면 비추면서 고요해져 성성적적이 여기 이렇게 그대로 되는 것입니다. 언어도가 끊어진 즉 적적하면서 비추고, 심행처멸한 즉 비추면서 고요해집니다. 이쯤 되면 어떻게 될까요? 이쯤 되면 조사선이니 여래선이니 할 것이 없고 한 꿰미로 꿰어지게 됩니다.

고인이 말하기를 '그러한 까닭에 쉬고 쉬고 하라'고 한 것입니다. 쉬어가고 쉬어가라. 옛사람들은 이런 얘기를 했습니다. 구변막생口邊膜生이라 이렇게 얘기를 했지요. 입 주변에 설태가 끼도록 하라, 하얗게 설태가 끼도록 하라. 그리고 설상초출舌上草出이라고도 했습니다. 혀 위에 풀이 나도록 해라.

언어표현이 좀 과격했지요. 이런 이치를 얘기하기 위해서 입가에 백태가 끼도록 하고, 혀 위에 풀이 나도록 그 정도로 말하지 마라, 입 놀리지 말고 입 닫고 있으라는 뜻입니다.

실제로 경전을 보면 여러분이 경험했을 것입니

다. 말을 하면 그만큼 에너지가 바깥으로 흘러버립니다. 흘러버리는 것은 말할 것도 없이 그때부터 생각이 동하기 시작하지요. 특히 참선하는 데 다언다려多言多慮가 아주 비상砒霜[1]이라 할 수 있습니다. 다언다려는 비상砒霜[1]과 같은 것이므로 하지 않아야 합니다.

01) 비석砒石에 열을 가하여 승화시켜 얻은 결정체. 거담제와 학질의 치료제로 썼으나 독성 때문에 현재는 쓰지 않는다. <표준국어대사전>

17 귀근득지歸根得旨하면 수조실종隨照失宗이니라.

근본으로 돌아가면 종지를 얻고 비춤을 좇으면 종지를 잃느니라.

이 글귀는 좀 자세히 살펴주셔야 합니다.

근본으로 돌아간다는 얘기나 득지나 같은 의미입니다. 그런데 사실은 그 밑에 수조실종이라, 이 부분이 이해가 잘 안 될 것입니다. 아니, 반조하라고 해놓고, 조照를 따르면 종지를 잃어버린다? 자칫 잘못하면 그렇게 들릴 것입니다. 절언절려라는 것이 근본에 들어가는 것입니다. 그러면 무처불통, 이게 종지를 얻은 소식이 됩니다.

그런 이야기가 있지요? 네가 만약 근본에 들어가서 득지를 했다고 한다면 수조실종할 것이다. 문득 그 조를 따라서 근본을 잃어버릴 것이라는 이야기인데, 이것을 이해 잘 하셔야 합니다. 우리들이 '수조실종'이라는 이야기를 잘못 이해하면 여기에서 많은 혼동이 올 수 있습니다.

'반조하라, 회광반조하라'고 해 놓고 왜 수조실종인가. 그런데 수조라는 것에 병통이 있습니다. '비춤을 따라 간다'는 것에 병통이 있습니다. 사실은 근본에 돌아갈 것이 없는 것입니다. 근본에 돌아갈 것이 있다고 한다면 그건 잘못된 것입니다. 또 종지 역시 얻을 것이 아닙니다. 간택만 하지 않으면 자동적으로 이미 그런 것은 얻으려고 할 필요도 없고, 돌아가야 할 것이 아닌 것입니다. 가장 중요한 것이 '유혐간택'입니다.

'단막증애' 증애를 없애는 것이고, 간택을 없애는 것 이것만 하면 자동적으로 되는데 그것을 좇아가면 문제가 생긴다는 것입니다. 그러나 근본에 돌아갈 것이 없고, 종지 역시 얻을 것이 아닙니다. 이 뜻을 알지 못하면 허망되이 스스로 잘못 알아서 집착하게 되는 것이지요. 이를 두고서 비춤을 좇는다고 하는 것입니다.

비춘다는 것은 그 자취를 남겨둔다는 의미로 그 비추는 자취를 남겨뒀을 때, 심종에 잘못됨이 크므로 그것이 집착이 됩니다. 배를 타고 건넜으면 배를 버려야 합니다. 그런데 배에 집착하고 있는 것과 마찬가지의 형상입니다. 유혐간택, 그것만 하면 그만인데 괜히 그것을 비춰서 그 자취를 남겨뒀을 때, 이것을 수조실종이라고 합니다. 부디 『신심명』을 공부하면서 많은 사람들이 이것을 혼동하지 않고 이해를 잘 해줬으면 좋겠습니다.

18 수유반조須臾返照면 승각전공勝脚前空이니라.

잠깐이라도 반조할 것 같으면, 앞 공보다 나으리라.

잠깐 동안 돌이켜 살피면, 여기 조照 자는 반조返照인데, 위의 조 자하고 의미가 좀 다릅니다.

앞의 공보다 훨씬 나으리라. 이건 무슨 뜻인가. 마음을 여읠 것 같으면, 마음을 없애 무심으로 들어가는 것이 됩니다. 마음이 마음으로 마음을 여읠 것 같으면 공도 없고, 마음을 여읠 것 같으면 유도 없습니다. 중생들이 괜히 자기 자심을, 본래 자성을 등져버려 망견공유妄見空有가 됩니다. 망령되이 공과 유를 보기 때문에 그렇습니다. 그렇기 때문에 좇는다, 없앤다 하는 것들이 다 전도된 생각입니다. 뭘 좇아간다, 좇아가서 수조한다라든가, 그리고 없애버린다 하는 것들이 다 전도됐기 때문에 그렇다는 것입니다.

19 **전공전변前空轉變은 개유망견皆由妄見이니라.**

앞의 공함이 전멸함은 모두 망견을 말미암은 것이다.

이것을 보면 위의 내용들이 확연히 드러나게 됩니다.

그래서 앞 공이 뒤바뀌는 것은 전부 망견 때문임을 알게 됩니다. 양변을 다 떠나는 것이 이 『신심명』의 모든 관통된 얘기라고 한다면 유나 공을 다 이렇게 쳐버립니다. 유도 망이요, 공도리 또한 망이 됩니다.

공유를 반연해서, 공유 때문에 공했다, 있다, 없다는 이것 때문에 변역變易이 일정치 않지요. 변역무정變易無定, 변하는 것이 일정치 않다는 말입니다. 모든 망을 여의려고 한다면 두 가지를 다 버려라. 공과 유를 다 버리라는 것이지요.

전공이 전변하면 개유망견이라 하는 것은 공과

유를 다 한꺼번에 버려야지, 공을 놔두고 유를 버린다든가, 유를 놔두고 공을 버린다든가 하는 그 자체가 양변에 떨어진 짓이 됩니다. 전공이 전변하는 것은 다 망견 때문입니다.

이렇게 보면 사람들이 가지고 있는 버리는 마음이 다 허망한 것입니다. '아, 이걸 버려야겠다.'는 버리는 마음과 버려야 할 대상, 그런 것들이 다 허망한 것을 알지 못하고 실로 다 버리지 못할 것 같으면 거기에 집착하는 것이 됩니다. 그러므로 버려야 할 대상은 물론 버린다고 하는 그것마저도 다 버려야 됩니다.

우리가 중도를 얘기했지요. 양변을 떠나서 중도에 머물자 그랬습니다. 그러나 중도에도 머물러선 안 됩니다. 머무른다는 그 자체가 이미 거기엔 견이 붙어서 그렇게 됐으므로 중도마저 떠나버려야 된다는 뜻입니다. 떠난다는 생각마저도 떠나버려야 합니다.

20 불용구진不用求真이요, 유수식견惟須息見이니라.

참됨을 구하려 애쓰지 말고, 오직 분별하는 그 소견만 쉬어라.

오직 분별하는 그 망견만 쉬어버리라는 이야기입니다. 분별심만 버려버리면 진리를 구하려고 하지 않아도 자동적으로 오게 되어 있습니다. 그런데 공부를 잘못 짓고, 엉뚱한 생각으로 자꾸 한쪽으로 쏠려 있을 때, 그리고 분별심을 자꾸 일으킬 때 진리와는 점점 멀어질 수밖에 없습니다. 진리를 구하려고 하지 말고, 오직 잘못된 그 소견만 쉬어버리라는 것입니다.

견이라는 것이 무엇입니까. 단상견, 그것뿐이

잖아요. 많은 견이 있지만, 단견斷見과 상견常見 그 두 가지가 주된 견입니다. 상견이 아니면 단견에 떨어지고, 단견이 아니면 상견에 떨어진다는 것입니다. 이렇게 구진하면, 참을 찾아가게 되면 단견에 떨어지고, 마음 상을 좇아가게 되면 상견에 떨어진다고 그랬습니다.

그것을 '구진낙단견求眞落斷見이요, 축망타상견逐妄墮常見'이라고 가르칩니다. '진을 좇아가면 단견에 떨어지고 망을 좇아가면 상견에 떨어진다'는 말입니다.

능엄경에 이런 얘기가 있습니다. 망을 말해서 모든 진을 나타내려고 하는 것이, 그것이 진망 두 가지가 똑같이 다 망입니다. 망을 말하면서 진을 나타낸다. 진리를 나타내려고 하는 그 생각, 그것이 망과 진이 똑같은 망이지요. 그것을 마치 진이라고 하면 진 아닌 것이 없는데, 어떻게 보는 놈과 보이는 놈이 있겠는가 하는 그런 애기가 됩니다. 그러니까 능소能所가 없습니다. 진리에는 능소가 없는 것인데, 능소를, 찾는 놈과 찾을 대상이 있다고 하는 것, 이것이 다 망이 되는 것입니다. 다만 능히 일체 견을 여의어서 전체가 다 진이기 때문에, 일체 견만 여윌 것 같으면, 일체 견만 없앨 것 같으면, 모든 것이 다 진 아님이 없기 때문에 굳이 진리를 구할 필요가 없다 이렇게 표현한 것입니다.

21 이견부주二見不住요 신막추심愼莫追尋이니라.

두 견해에 머물지 말고 삼가 추심하지 말라.

이견이라는 것은 이변을, 양변을 이야기하는 것입니다. 이변의 견해에, 두 가지 견해에 머물지 말라는 것입니다.

이 양변이라는 것이 증애요, 간택이요, 선악이요, 생사와 열반이요, 오고 가는 것이요, 성인과 범부입니다. 이런 것 모두가 양변입니다. 그런데 양변의 견해에 머물지 말라고 했는데, 이는 이견에 머물지 말고 또 아예 좇아가서 찾지도 말라는 뜻입니다. 진리니 뭐니 이런 것을 찾겠다고 하지 말라는 의미이고, 그런 어쭙잖은 짓 하지 마라는 이야기입니다.

그것은 기불주망旣不住妄입니다. 이미 망에도 머물지 아니하고, 또한 진에도 머물지 않게 되면, 그렇게 어느 곳에도 머물지 않게 되면, 그럴 때에 대용大用이 일어나게 되어 있습니다.

대기대용大機大用이 일어나서 전체가 다 진이 됩니다. 진공묘유眞空妙有지요. 진공묘유가 일어나니 묘용이 자유자재합니다. 만약 어떤 견해를 가지고 도를 얻었다고 하는 생각이, 진리를 찾았다는 생각이 마음속에 조금만 담겨져 있다면 그 견해는 망견입니다.

여러분, 여러분들도 공부하게 되면 다 지견이 나잖아요. 지견이 나면 정말 우쭐해지게 됩니다. 다 안 것 같기도 하고, 경을 보면 다 잘 보입니다. 경이라는 게 마음을 그려놓았기 때문에 조금 그것을 알았다고 하면, 그때가 되면 그것이 뭔가 기분을 들뜨게 합니다. 그래서 내가 무언가 성취된 것 같고 그래서 우쭐해집니다. 그때 조심해야 합니다. 그때 잘못하면 모두 헛것이 됩니다.

참선하는 사람은 전후재단前後裁斷해야 된다는 말이 있습니다. 공부하다 보면 앞뒤가 다 끊어지게 되어 있습니다. 그것이 더 깊어지게 되면 적나나赤裸裸 정세세淨洒洒 경계가 옵니다. 적나나는 마치 가을에 모든 낙엽이 다 떨어진 것처럼 아주 개운하게 마음속에 있는 모든 번뇌 망상이 다 잦아든 것을 말하고, 정세세는 물 뿌려놓은 것처럼 그렇게 개운하고 맑고 맑은 것을 말하는 것입니다. 그렇게 되면 마음은 말할 것도 없고 몸도 그렇게 가벼울 수가 없습니다. 이때는 시간 가는 줄 모르고 시간이 갑니다. 그 정도 되면 지견이 생기기 시작합니다. 그때는 화두도 어디로 도망갔는지 모르면서 그런 상태가 계속 며칠이고 지속됩니다. 그런데 그때가 제일 위험할 때입니다. 그것을 선에서 최고의 마경魔境이라고 합니다. 마구니의 경계, 마경이라고 하지요. 그때 적나나 정세세된 그

순간을 잘 넘겨야 합니다. 공부하다가 그 마경이 한번 오게 되면 심신이 다 편안하고 뭔가 환희스럽고, 법열에 스스로가 취해 있기 때문에 너무 좋지요. 그런데 그게 전부가 아닙니다. 그 마경에서 헤어나지 못하면 그 공부는 거기서 끝이 나버립니다. 안 되게 되어 있어요. 그 마경을 뛰어넘는 것이 중요합니다. 그 마경이 정말 큰 마경입니다.

염불하는 사람도, 주력하는 사람도 이 마경을 느낄 수가 있습니다. 특히 화두선 하는 사람들은

이 마경이 큰 병인 줄 알고 뛰어넘어야 되는데, 이 때가 되면 화두가 어디로 갔는지 날아가 버립니다. 그냥 맑고 깨끗한 경계만 유지됩니다. 그래서 이것을 일러, 그때 그 병을 뭐라고 하냐면 불의언구不疑言句 시위대병是爲大病이라고 합니다. 언구, 화두를 챙기지 않는 것을 가장 큰 병이라고 합니다. 그때 갱진일보更進一步라 이렇게 표현을 하지요. 백척간두진일보百尺竿頭進一步가 그 얘기입니다. 그 좋고 편안한 경지에서 뛰어 넘지 못하면 모든 것이 다 끝이 나는데 그 백척간두에서 정말 더 용기를 내서 뛰어넘어야 되는 것을 백척간두에 진일보라, 정말 그때 용기가 가장 필요합니다.

공부하다가 사람이 편하고 즐거우면 그 자리에 머물고 싶지 뛰어나오려 하지 않습니다. 대부분이 그렇습니다. 그래서 백척간두에 진일보해야 된다, 이것을 갱진일보라 그렇게 표현을 하지요.

갱진일보 하지 않으면 모든 것은 다 끝장나고 맙니다.

전공全功이 무효無效라. 반면 정말 열심히 화두를 들고 또 들고, 더 용맹스럽게 하다보면 죽을 것만 같은 아주 큰 그 경계가 옵니다. 몸이 죽을 것만 같은, 어떻게 해볼 도리가 없는 경계가 옵니다. 이것을 일러서 현애살수懸崖撒手라 그럽니다. 천길만길 낭떠러지에서 손을 놔버려라. 그 현애살수를 지나가지 못하면 자성자리는 열리지 않습니다. 그냥 열린 듯 그렇게 지나가지만 안 열리지요. 그건 안 되게 되어 있어요. 현애살수에서 죽을 고비를 한번 넘겨야 비로소 자성의 문이 열려지게 되고, 은산철벽과 같은 그 모든 철벽들이 그때야 무너지기 시작하는 것입니다. 그러기에 이 마음공부라는 것이 그렇게 간단하지 않습니다.

정말 공부하는 이들이 생명과 바꾸겠다고 하는 그런 결연한 용맹심이 아니고는 어렵습니다. 그러니까 여기 이렇게 많은 중생들과 우리들은 수많은 생을 살아오면서 안 되는 짓만, 못된 짓만 골라가며 했는데, 안 되는 짓은 시키지 않아도 잘하게 되어 있습니다. 습이 거기로 들어와서 그런 것입니다.

내가 세속적인 이야기를 좀 해야겠습니다. 세속적으로 공부하는 것과 이 인생이라고 하는 것은, 앞에서 내가 '참선은 정신이 생명'이라고 했잖아요. 정신혁명이 되면 습관도 혁명으로 변하게 됩니다. 똑같은 중노릇을 하는데, 똑같이 공부를 하는데 어떤 사람은 아주 큰 성취를 하고, 또 어떤 사람은 반쯤 성취를 하고, 어떤 사람은 삼분의 일 성취하고, 어떤 사람은 그 자리에 그냥 있는 경우가 많이 있습니다.

똑같은 사람인데 왜 똑같은 화두를 가지고 똑같은 불법의 수행을 하는데 그런 차이가 있을까요. 부처님 도량에 와서 업을 바꾸고 삶을 바꾸고 부처가 되겠다는 사람들이 절에 와서 똑같은 중노릇을 하는데, 어떤 사람은 그렇게 열심히 정진하고 불사하고 중생을 위해서 애를 쓰고 그러는데 어떤 사람은 아무 것도 않고 공부도 제대로 하지 않고 불평불만만 늘어놓고 시주 밥 탁탁 털어먹으면서 부끄러운 생각도 안 하면서 당당하고, 남의 시줏돈 못 털어먹어서 안달이 난 사람도 있습니다. 그런 중노릇은 안 됩니다. 앞서도 얘기했지만 중은 자리이타自利利他라고 하는 자기 원력이 마음에 완전히 배어있어야 됩니다.

오늘날 한국불교가 이렇게 힘들고 어려운 것은 공심의 실종입니다. 원력의 부재이고, 신심의 탈출입니다. 신심이 없어요. 신심과 원력과 공심이 있는데, 이 신심과 원력이라는 것은 나의 정진으로 해서 나를 만드는 하나의 모든 바탕이요 하나의 기반이라고 한다면, 공심이라는 것은 중생을 위하는 길이 됩니다. 그것이 자리이타입니다. 이러한 부처님 가르침이, 조사들의 가르침이 분명히 있음에도 불구하고 삶과 업을 바꾸고 스님이 되겠다는 생각은 하지 아니하고, 절에 와서 요령껏 적당히 살고자 하니 업이 안 바뀌지는 것입니다.

지금 한국불교의 문제는 공심의 실종입니다. 절 것은 내 것, 내 돈은 내 것, 절 돈도 내 것. 사정없이 털어먹네요. 절이야 망하건 말건 자기 목적을 위해선 수단과 방법을 가리지 않는 그런 중노릇을 하는 사람들이 있습니다.

오늘날 그것이 한국불교를 위기로 몰고 가는 것입니다. 이런 중노릇 해가지고는 삼악도를 면할 수 없습니다. 절대 못 면해요. 중이 되어서 부처님 가르침의 근본인 인과를 믿지 않는 사람들이 가득합니다. 이런 가르침이 분명히 경전에도 말씀되어 있고, 조사어록에도 있고, 곳곳에 있는 데도 인과를 믿지 않습니다. 인과를 믿지 않으면서 어떻게 업을 바꿔 부처의 모습으로 살고자 하는 것일까요?

똑같은 중노릇을 하면서 왜 좋은 작품을 만들어서 자신의 삶을 살려고 하지 아니하고, 허튼 길을 가면서 남들까지 불편하게 하고 힘들게 하고 사찰도 망하게 하고 신도들한테 실망주고 살아야 할 이유가 뭐가 있냐는 그런 이야기입니다.

우리 모두 한번 깊이 생각해야 됩니다. 중은 수도하는 사람이어야 되고, 수양하는 사람이 되어야 합니다. 그것이 부처님의 가르침이고 선사들의 가르침일진댄 그 길을 가지 않고서 어쩌자는 것입니까? 그러므로 우리가 공부한다고 하는 것은 그런 신심과 원력, 공심이라는 것이 가슴 속에 콱 박혀있어야 됩니다. 이런 마음으로 삶을 살아야지, 이렇게 하지 않고 살게 되면 공부가 안 됩니다. 수행의 결과인 좋은 작품이 나오려 해도 나올 수가 없습니다. 정말 좋은 작품을 만들어야 합니다.

우리는 중으로써 부처라고 하는, 조사라고 하는 작품을 만들기 위해 우리 모두 이 자리에 모여 이렇게 공부를 하고 있는 것입니다. 그런 수행을 하지 않으면 굳이 어렵게 이런 자리에 앉아 있을 필요가 없습니다.

'한국불교가 앞으로 어떻게 해야 될까' 이 생각을 하면 아득하고 걱정입니다. 물론 잘 하는 사람은 아주 잘 하고 있습니다. 그렇기에 이 맥이 유지되고 있는 것이겠지요? 그러나 자기 분수도 모르고 설치는 사람이 너무 많습니다.

'이견부주二見不住요 신막추심愼莫追尋이니라.'

이견에 주하지 아니한다. 이견에 머물지 말고 아예 좇아가 찾지도 마라.

'번흥대용繁興大用이요 거필전진擧必全眞이라.'

만약 진에도 주하지 말고 망에도 주하지 않는다 함은 그러한 때에 대용이 드러나서 전체가 진

아님이 없다. 이럴 때에 달리 구할 것은 아무 것도 없게 됩니다. 이 상태가 되면 그냥 있는 그대로 임성소요任性逍遙하면 됩니다. 임성소요, 자기 성품대로 그냥 자유자재로 살면 된다는 말입니다. 찾고 좇아가고 그럴 필요가 없어요. 법은 본래 주住하는 바가 없습니다. 그 주住하는 바가 없기 때문에 모든 찾아갈 것이 다 끊겨 버린 것입니다.

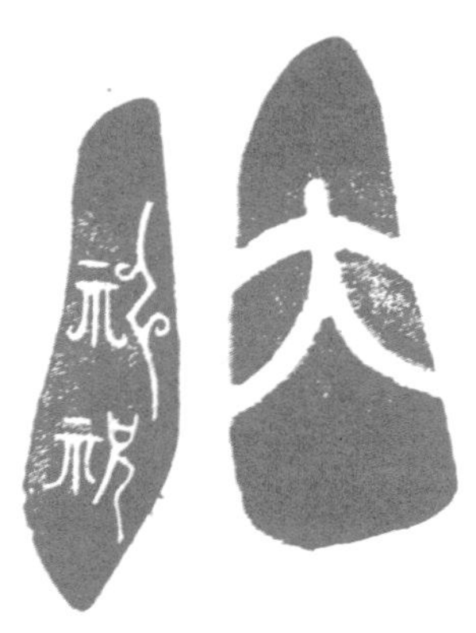

22 **재유시비纔有是非면 분연실심紛然失心이니라.**

시비가 있게 되면 분연히 본심을 잃으리라.

분연히 어지러이 본심을 잃게 되리라는 가르침입니다. 그렇습니다. 조계종단의 시비가 끝이 안 납니다. 그래서 마음속에 옳고 그른 시비가 있게 되면 분연히 모든 본심을 잃게 된다는 것이지요.

다른 예로 '진시방세계盡十方世界가 시사문자기是沙門自己요, 모든 시방세계 그 자체가 자기요, 시방세존十方世尊이 시고불법신是古佛法身이라. 진시방세계가 옛 부처의 법신이라.'는 말이 있습니다. 옳다고 해도 옳은 것도 없고 또한 그른 것도 없습니다. 시방세계가 다 사문인 자기고, 시방세계가 고불의 진심眞心이기 때문에 옳은 것도 없고 또한 그른 것도 없다. '일일개시묘명심중유출一一個是妙明心中流出이니라. 낱낱이 다 이것은 묘하고 밝은 심중에서 유출되는 것이니라.' 심중에 새길 내용입니다.

우리가 마음속에 시비를 갖게 되면 혼돈스럽고 복잡해서, 자기 자신의 심중을 다 잃어버린다고 했는데 삼조 승찬스님께서는 "너희들은 시비라는 것이 본래 없는 것이고 허망된 것인데 왜 거기를 좇아가느냐?"고 이야기하고 있습니다. 이 시방세계가 그대로 중인 '나'가 되는 것입니다. 그리고 이 시방세계가 모두 부처님의 몸뚱이지요. 그렇게 때문에 거기에는 옳은 것도 없고 그른 것도 없습니다. 그런 입장에서 너희들이 볼 것 같으면 낱낱이, 다 모든 것이 삼라만상 두두물물 또 자기가 하는 모든 것들이 묘하고 밝은 마음 가운데에서 유출되는, 모든 호화찬란한 묘용의 모습이 됩니다. 그래서 시비하지 마라, 자성을 잃어버리는 일이라는 것입니다.

23 **이유일유二由一有 일역막수一亦莫守하라.**

둘은 하나를 말미암아 있는 것이니 하나 또한 지키지 말라.

둘이라는 것이 하나 때문에 있는 것입니다. 하나가 있기 때문에 둘이 있는 것이고, 둘이 있기 때문에 하나가 존재한다는 것입니다. 그런데 그 하나마저도 지키지 말라는 것입니다.

여러분들이 알아야 할 것은 '둘이 다 진망眞妄'이라는 것입니다. 둘은 하나를 말미암아 있다고 하는데 둘이라는 것은 진과 망을 얘기하는 것입니다. 하나라고 하는 것은 나 자신을 얘기하는 것이기에 진과 망도 좇아가지 말고 내 자신도 지키지 말라는 것이지요.

진망이라고 하는 두 가지가 이미 없어질 것 같으면, 내 마음이 그 하나에도 주住할 것이 없다는 내용입니다. 이것은 금강경에서 말하는 무주심無

住心인데, '응무소주 이생기심應無所住 而生其心'이라고 하는 무주심입니다.

둘이라는 것은 진망을 얘기하는 것이고, 하나라는 것은 나 자신인데 진망이라고 하는 두 가지가 다 없어질 것 같으면 나의 마음, 그 하나라는 것도 어디 가서 붙을 데가, 주할 데가 없습니다.

진망이 다 없어지고 내 마음도 무주심이 됐을 때 이것을 해탈대도解脫大道라고 말하는 것입니다. 그러니까 하나도 지키지 마라. 응무소주 이생기심, 하나도 지키지 말라고 하는 것입니다.

24 일념불생一念不生하면 만법萬法이 무구無垢니라.

한 생각이 나지 않으면 만 가지 법이 허물이 없다.

괜히 이 마음이 좋다 나쁘다, 이 마음, 저 마음이 났을 때, '선악이다, 생사열반이다, 범부다 성인이다'하는 상대적인 마음이 나지 않으면 만법이 허물이 없게 됩니다.

경전에 보면, '심생즉 종종법생心生卽 種種法生하고 마음이 나면 가지가지 법이 나고, 심멸즉 종종법멸心滅則 種種法滅이니라. 마음이 없어지면 가지가지 법이 다 없어지니라.'

심법心法이 따라서 없어진다는 것입니다. 제법諸法은 스스로 나지 아니하고, 또한 스스로 없어지는 것이 아닙니다. 모두 내 마음, 일심一心의 변역變易에서 나오는 것입니다. 그렇기 때문에 일심이 나지 않으면 제법이 상주常住하고, 일심이 생하지 않으면 만법이 생하지 않는다는 것입니다.

『신심명』에서 승찬스님이 이변을 상대로 '간택과 증애'를 일관되게 말하는 줄거리라고 한다면, 이에 대한 중봉스님이 하신 법문에는 철저하게 이것과 상반되면서 이 뜻을 아주 강하게 나타내주는 내용이 많이 있습니다. 그것을 보면 오장육부가 아주 시원해집니다. 그런데 이해 못하는 분들이 너무 많을 것 같기도 하지만, 중봉스님이 무심無心이나 일심불생一心不生을 어떻게 이야기했는지 일러 보겠습니다.

철우鐵牛는 불파사자후不怕獅子吼라, 쇠로 만든 소는 사자가 소리를 질러도 그것을 두려워하지 아니한다.

사자가 아무리 큰 소리를 질러도 쇠로 만든 소는 겁내지 않고 무서워하지 않는다. 흡사 무엇과 같을까요? '흡사목인견화조恰似木人見花鳥라, 나무로 만든 사람이 꽃과 새를 보는 것과 같다.' 이것이 무심의 경지입니다. 그런 정도로 무심이 되어 버리면 이건 다 된 것과 다를 바가 없습니다.

25 무구무법無咎無法이요 불생불심不生不心이니라.

허물이 없으면 법도 없고, 나지 않으면 마음도 아니다.

나지 않는데 무슨 마음이라 할 것이 있겠습니까. 나지 않으면 마음도 아니니라. 무구했을 때, 허물이 없어지면 만법이 스스로 쓰러져 없어지게 됩니다. 객체인 법이 없어지면 마음이 고요해집니다.

『신심명』에서 말한 지도의 그 본 모습이, '지도지체至道之體가 충연부대득이득의沖然不待得而得矣이니라, 굳이 얻으려고 하지 아니하더라도 훤칠하게 얻어진다.'

'만법이 무구하면 불생불멸이다.' 만법이 허물이 없으면 만법 스스로 쓰러져 버리고, 나지 않으면 일심이 스스로 고요해진다는 뜻입니다.

법도 쓰러지고 마음도 고요해지면 지도의 체가

가만히 있어도 훤칠하게 드러나서 얻으려고 하지 않아도 저절로 얻어진다는 것입니다. 자세히 살펴보면 아주 초지일관, 지도가 드러나는 것이 어떻게 하면 드러나는가를 이야기하고 있습니다.

법문 처음에 제가 많이 이야기 했지요? '지도至道라는 것은 여러 가지다.' 부처님은 보리菩提라고 했고, 중생은 미迷해서 그것을 무명無明이라고 했으며, 또 교敎에서는 본각本覺이라고 했습니다. 본각이 드러나고, 보리가 드러나고, 지도至道가 드러나고, 무명無明이 드러난다 하면 어떻게 되겠습니까? 무명無明도 그 때가 되면 다 변하고 지도至道와 보리菩提도 다 변해버리게 됩니다. 그것을 굳이 드러내려 하지 않아도 스스로 다 드러난다는 것입니다.

26 능수경멸能隨境滅이요, 경축능침境逐能沈이니라.

능은 경을 따라서 멸하고 경은 능을 좇아서 잠긴다.

여기서 능能은 주관이고, 경境은 객관입니다. 주관은 객관을 따라서 없어지고, 객관은 주관을 좇아서 없어집니다. 혼자서는 존재를 못합니다. 주관이 있으면 언제든 객관이 있고, 객관이 있으면 주관이 따라오는 것입니다. 주관과 객관이라는 것은 언제든지 상대적인 것을 의지해서 생겼다 없어졌다를 반복하게 됩니다. 여기서 능이라는 것은 내 마음을 의미하는 것이고, 경이라는 것은 제법, 즉 모든 법을 의미합니다.

능能은 지智의 이명異名이고, 경境은 법法의 별호別號입니다. 경이라는 것은 제법을 그렇게 이름 지은 것입니다. 그래서 '경멸즉능요지심역멸境滅則能了之心亦滅이고 경계가 없어진 즉 능히 아는 마음 또한 없어지고, 심공즉心空則 소현지경역침所現之境亦沈이니라 마음이 공한 즉, 나타나는 바 모든 경계 또한 모두 없어진다.'

이것이 능수경멸이요, 경축능침입니다. 그렇잖아요, 상대적이니까 이럴 수밖에 없습니다. 상대적인 것은 상대가 없어지면 홀로 존재할 수 없는 것입니다.

27 경유능경境由能境이요, 능유경능能由境能이니라.

객관은 주관으로 말미암아 객관이요, 주관은 객관으로 말미암아 주관이다.

이것은 주체는 객체의 주체에 의존하고, 객체는 주체의 객체에 의존한다는 것입니다. 경은 스스로 경일 수가 없습니다. 스스로는 경이 될 수가 없어요. 능으로 인해서 만들어진 경입니다. 능은 스스로 능이 될 수가 없지요. 객체를 의지한 능이기 때문입니다. 능은 경을 의지해서 만들어지고, 경은 능에 의해 택해져서 일어나게 됩니다.

28 **욕지양단欲知兩段인댄, 원시일공元是一空이니라.**

양단을 알고자 하면, 원래 하나의 공이다.

이 두 까닭을 알고자 하는가. 양단, 두 가지를 알고자 하는가. 원래 하나의 공일뿐이다.

여기서 공空이라고 하는 것을 잘 이해하셔야 합니다. 원시일공이라고 할 때, 태허처럼 그런 완연頑然한 공이 아닙니다. 또 '비소승단멸지공非小乘斷滅之空'이라. 소승들이 말하는 단멸공斷滅空도 아닙니다.

그렇다면 무슨 공인가. '영각무상지진공이靈覺無相之眞空耳'라 합니다. 신령스럽게 깨달은 상이 없는 참된 공입니다. 또한 이 '공'은 '모든 부처님의 근원이다.'라는 표현을 합니다.

공도 여러 가지가 있습니다. 그런데 여기서 말하는 공空이야말로 진짜 공입니다. 이를 일러 '만령萬靈의 모체母體라, 모든 일만 가지 신령스런 모체라.' 이것은 '무성무취無聲無臭라, 소리도 없고 냄새도 없습니다.' '소소군상昭昭群像이라, 모든 군상에, 일체 상에 소소히 다 밝게 나타납니다.' 얼마나 묘한지 있는 것도 아니고 없는 것도 아닙니다. 랑랑朗朗하기가 일체 만상의 표면에 소소하게 드러납니다. '랑랑어제진지표자시朗朗於諸塵之表者是라, 모든 진계塵界의 표면에 언제든지 항상 드러나 있다'는 것입니다. 이 공은 다른 공과 다르니까 이해를 잘 해주셨으면 합니다. 이것은 지도이고, 자성이며 우리 본체, 중도입니다.

29 일공동양一空同兩이니이라. 제함만상齊含萬象이라

하나의 공은 양 쪽과 같아 만상을 다함께 포함한다.

여기서 말하는 일공一空, 하나의 공이라는 것은 양변에, 이쪽저쪽에 동화되었다는 것입니다. 유무有無에 동화되고, 진망眞忘이 동화되고, 부처와 중생이 다 동화되었다는 말입니다. 제함만상齊含萬象이라, 만상을 가지런히 머금었다, 만상에 다 포함되었다는 가르침입니다.

우리의 진성자리는 우주가 생기기 전에도 있었고, 삼라만상이 다 깨져 없어져도 없어지지 않습니다. 그러면서 모든 만상에 다 잠겨 있는 것입니다.

법성원융무이상法性圓融無二相, 법성은 원융해서 두 상이 아니지요. 일체상입니다. 이렇게 유정무정할 것 없이 일체상에 다 법성이 들어가 있는 것입니다. 마음이라는 것은 다른 법이 아닙니다. 일공은 그 자체가 양단입니다. 법이라는 것은 다른 마음이 없는 것입니다. 이것은 모든 만상에 다 포함되고 있기 때문에 색을 보거든 문득 그 마음을 보라고 합니다.

색을 보는 것이 마음을 보는 것이며, 색이 없으면 마음도 나타나지 않습니다. 또 경전에서는 '삼라만상이 그대로 일법一法의 소인所印이다.'라고 합니다. 삼라만상 두두물물이 모두 한 법에서 투영된 것입니다. 해인삼매라고 하지요. 그렇듯 한 법에 다 비쳐서 거기에 투영된 것입니다.

일공양단 제함만상이라, 일공이라는 것은 양변과 같아서 양변에 동화되어 만상을 가지런히 머금었다는 것입니다.

30 **불견정추**不見精粗**니 영유편당**寧有偏黨**이리오.**

정과 추, 즉 세밀함과 거침을 보지 않으면 어찌 치우침이 있겠는가.

심법이 공하게 되면 능소가 다 없어집니다. 심법이 이미 공하고 능소가 다 없어진 즉, 생불체동生佛體同, 중생과 부처와 체가 같습니다. 미오迷悟가 일체가 됩니다. 미하고 깨달은 것이 하나가 되어 버립니다. 그렇기 때문에 어떤 것을 귀하게 여기고 어떤 것을 천하게 여길 필요가 없습니다.

하욕하영何辱何榮이라, 무엇이 욕되고, 무엇이 영화로운가. 아무것도 그런 것이 없습니다. 무엇을 얻었다 하고, 무엇을 잃었다고 할 것인가. 어떤 것이 무겁고 어떤 것이 가벼운 것인가. 일도一道가 허적虛寂하여 만물萬物이 제평齊平이니라, 한 도가 텅 비고 고요하면 만물이 모두 평등합니다.

『신심명』을 보면 승찬스님께서 많은 것을 비유

하여 간절하고 자세하게 이야기했습니다. 공부를 해서 도를 성취 못했어도 여러분들이 이것을 평소에 외우고 다니면 상당히 마음이 편안해집니다. 원래 들뜰 것도 없는데 들뜬 것이라서 들뜬 마음도 금방 가라앉아 버립니다.

그래서 공부하는 이들이 가장 경계해야 하는 것이 '양변에 치우치지 마라' 입니다. 양변에 치우치지 않으면 언제든지 그 자성자리는 드러나게 됩니다. 선악과 미추와 생사와 또는 범성까지도, 또 오욕도 삼학도 마찬가지입니다. 그런 것들이 다 분별심과 집착심에서 일어나기 때문에 이 『신심명』을 계속 읽으며 외우고 다니면 그런 것들이 별 볼일 없는 것이라는 생각으로 바뀌게 됩니다. 그래서 편안해지는 것입니다. 게다가 공부를 더 밀어붙이면 말할 것도 없습니다. 기왕 사는 것 편안하게 살아야지 복잡하게 살 필요가 있겠습니까.

이에 대해 중봉스님께서 아주 희한한 말씀을 하셨습니다.

'일갈신뢰난엄이一喝迅雷難掩耳 한 번 할을 함에 빠른 우레와 같아서 귀 막을 겨를이 없고, 초명부해입문미蟭螟[2)]負海入蚊眉이라 조그마한 날파리가 바다를 짊어지고 모기의 눈썹으로 들어가고 있구나.'

이해가 갑니까? '니저라구제개안泥豬懶狗齊開眼이로구나, 진흙 묻은 돼지, 병든 개가 다 눈을 떠버렸으니, 개안이 됐다, 견성해 버렸다'는 이야기입니다. '삼세여래총부지三世如來總不知이니라, 삼세의 모든 부처님도 전혀 알 길이 없느니라.' 이 도리는 삼세의 모든 부처님도 알 수 없다는 것입니다.

02) 전설에 나오는 작은 벌레. 갈홍葛洪의 『포박자抱朴子』에 '초명은 모기 눈썹 사이에 사는데, 하늘을 가득 채우는 대붕을 비웃는다(蟭螟屯蚊眉之中, 而笑彌天之大鵬)'는 구절이 나온다.

이런 승찬스님의 말씀을 이 자리에서 챙겨 알아들을 수 있는 안목만 있으면, 어떤 경계에서도 허덕이지 않습니다. 스스로 속지 않아야 됩니다. 스님들이 공부해서 어떤 언어에도 속지 않는 힘이 만들어져야 됩니다. 그러나 대부분이 속습니다. 속지 않는 그런 견처見處가 만들어지도록 열심히 정진을 했으면 좋겠습니다.

제가 절에 와서 살면서 실제로 본 일을 이야기하려 합니다. 그래서 여러분들이 부지런히 공부해서 이런 말씀을 알아들을 수 있는 힘이 만들어져야 됩니다.

제가 사미 때의 이야기입니다. 칠월백중 해제를 했습니다. 그런데 노스님이 한 분 없어졌어요. 이름이 무량, 없을 무無 자, 헤아릴 량量 자. 무량 노스님이 없어진 것입니다. 그때 스님은 아흔이 넘으셨는데, 해제 날 없어졌으니까 산중이 야단이 난 것입니다. 어디 다니시던 노스님도 아니고, 그렇다고 몸이 불편해서 걸음을 못 걸으시는 분은 아니었어요. 아흔이 되었어도 대중과 똑같이 정진하셨고, 당당하셨어요. 그래서 산중 스님들이 모여서 여기 저기 찾기 시작했습니다. 전월사 가는 개울 위에 조그마한 웅덩이가 하나 있고, 그 위로 가면 널찍한 큰 바위가 있었습니다. 거기서 발견이 된 것입니다. 어떻게 된 것이냐. 여름이니까 삼베옷을 입던 때였지요, 옛날에는 빨래비누도 없었지만 그 옷을 개울물로 깨끗이 빨아서 그 바위에다 쫙 펴서 널었습니다. 그리고 베수건 하나를 가지시고 목욕을 하시고 바위에 앉으셔서 앞에만 가리고 그대로 앉아서 열반하셨습니다. 나는 지금까지 그렇게 근사한 열반의 모습을 보지 못했습니다. 지금도 그 생각을 하면 '그 노스님이 그렇게 공부를 참 잘하셨구나, 중노릇을 정말 잘하셨구나.'라고 느껴집니다. 그 깊은 인상은 63년이 지났는데 아직까지도 잊을 수가 없습니다.

우리들이 입으로 떠들고 요란하게 할 일이 아닙니다. 누구나 다 그런 모습으로 가야 됩니다. 경허 노스님이 법문하시기를, "공부 잘한 저 노인은 앉아 죽고, 서서 죽고, 가다 죽고, 오다 죽고, 죽고 사는 것을 마음대로 했다. 그런데 지금 대중들은 어떠한가." 이렇게 반문을 하셨습니다. 결국 우리는 생사를 면하기 위해, 생사에 자유자재하기 위해 중이 되었습니다.

인간에게 의문이 네 가지가 있습니다. 인간이 살아가는 데 있어 네 가지 의문, 첫 번째, 내가 어디서 왔는지를 모릅니다. 어디서 왔는지 아는 사람 있습니까? 두 번째 어디로 갈지 모릅니다. 세 번째는 언제 죽을지를 모릅니다. 네 번째, 내가 누군지를 모릅니다.

우리는 이 의문을 갖고 과거 수많은 우주가 생기기 전에도 그랬고, 지금까지도 그 의문을 갖고 인생을 살아갑니다. 그런데 부처님은 이 의문을 푸는 방법을 우리에게 가르쳐 주셨습니다. 45년 동안 가르쳐주셨습니다. 우리가 여기 모인 것도 이 의문을 풀기 위해서입니다. 이 의문을 풀지 못했다고 한다면 오만 떨지 말아야 합니다. 갑질하지 말고, 건방 떨지 말아야 합니다. 잘난 척 해서도 안 됩니다. 정말 겸손하게 사셔야 합니다.

마조스님 제자 중에 운봉스님이 계셨는데, 운봉스님은 견성한 도인, 인가받은 도인이었습니다. 당시 옛날엔 중국에서 많은 스님네들이 울력을 하고 살았습니다. 선종사찰들이 나무하고 농사짓고 다 그렇게 살았습니다. 중국에서 일어났던 삼무육종법난三武六宗法難[3]에서도 그 사찰들은 아무런 일도 없었습니다.

03) 중국에 불교가 전래된 이후 몇 번의 국가권력에 의한 불교박해가 이루어진 것 중, 북위의 태무제太武帝, 북주의 무제武帝, 당의 무종武宗, 후주의 세종世宗에 의한 네 번의 폐불, 즉 삼무일종의 4황제 치하에서의 박해가 매우 심하였다.

나는 절도 자급자족해야 된다고 지금도 생각합니다. 경제적 자립이 있을 때만이 양심의 자유도, 자립도 할 수 있습니다. 나는 옛날 중국의 선사들이 살았던 방식으로 지금도 해야 된다고 생각합니다. 그래서 우리도 당당하게 살자, 농사를 짓건 꽃을 가꾸건, 아니면 뭘 만들건 간에 하루에 몇 시간씩이라도 일하고 당당하게 살았으면 좋겠습니다.

그런데 당시 마조스님 대방장 노스님께서 연세가 많으신 데도 대중이 나무를 하니까 당신은 힘이 없어도 따라 간 것입니다. 마조스님, 덩치가 얼마나 커요. 호안우보虎眼牛步라, 호랑이 같은 눈과 소 같은 걸음을 걸으시는 분이 다리를 쭉 뻗고 앉아서 햇볕을 쬐고 있는데, 운봉이라는 제자가 언덕 위에서 나무를 마차에 잔뜩 싣고 내려오면서 "스님, 마차 내려갑니다. 발 오므리세요." 했습니다. 마조 스님 말씀이 "한 번 편 다리는 오므릴 수 없다." 해 볼 테면 해 봐라는 식으로 배짱을 부리신 겁니다. 하지만 운봉스님은 그냥 밀고 내려옵니다. 그러니 마조스님 다리가 왕창 긁혀버리고 갈아졌지요. 중국에서 공사公事할 때 보청이라고 합니다. 대중공사를 알리는 목탁이 울리고 종이 울리니 대중이 다 모였습니다. 마조스님이 장삼을 입고서 장삼 자락 속에다 새파랗게 갈은 도끼를 갖고 나왔습니다. "아까 내 다리 부러뜨린 놈 나와라!" 이 말씀에 운봉스님이 당당하게 나오더니, 고개를 쭉 빼며 머리를 턱 내놓습니다. 쳐 보려면 쳐 보라 이거지요. 그 스승과 그 제자의 기개氣概, 기용氣勇 속에는 무한한 법문과 법담이 오고 간 것입니다. 그랬더니 마조스님이 빙긋이 웃더니 도끼를 소매 속에 다시 넣고는 방장실로 돌아갔다고 합니다.

그랬던 운봉스님이 어느 날 죽음을 맞게 되었을 때, 대중에게 이렇게 얘기합니다. "드러누워 죽은 놈 있냐?" "네, 대부분이 그렇습니다." "앉아 죽은 놈 있냐?" 조금 괴짜였든가 봅니다. "네, 앉아 죽은 놈 있습니다." "가다 죽은 놈 있냐?" "네, 가다 죽은 놈도 있습니다." "그럼 서서 죽은 놈도 있냐?" "있습니다." "거꾸로 죽은 놈 있냐?" "그건 없습니다." 그러니까 그 얘기가 나오자마자 물구나무를 서서 돌아가셨습니다. 거꾸로 서서 죽었으니 이 모습을 보기 위해 스님네는 말할 것도 없고, 그 근방 고을에서 온 사람들로 인산인해였습니다. 아주 며칠 간 야단이 났습니다. 그런데 그 누이동생이 비구니 스님이었는데, 거꾸로 돌아가신 자기 오빠 운봉스님을 보더니, "스님, 평소에도 그렇게 괴각질을 하시더니, 돌아가시고서도 이렇게 괴각질을 합니까?"하면서 손으로 탁 미니까 꼼짝

도 않던 것이 홀라당 넘어졌고, 그런 후에 화장을 했다고 합니다.

불교는 이런 신통을 그렇게 대단하게 여기지 않습니다. 그러나 그 운봉스님이 거꾸로 열반하신 것은 무엇입니까. 생사에 자유자재 했다는 것 아닙니까. 그런 분들은 언제 죽을 지도 알고, 자신이 갈 곳도 다 압니다. 이미 자기 자신을 마음대로 할 수 있는 경지에 도달한 분들입니다.

삼조 승찬스님도 깨끗이 목욕하고 그렇게 돌아가셨습니다. 2조 혜가스님은 환채還債한다고 하시고, 107세에 돌아가셨습니다. 당신이 빚 갚으러 가야되겠다고 하셨습니다. 업대로 와서 당신이 돌아가실 상황을 모두 다 알고 돌아가신 것 아닙니까. 이 몸뚱이가 별 게 아니지만, 그래도 이걸 근본적으로 알게 되면 물物과 내가 둘이 아닙니다.

말만 그럴 것이 아니고, 정말 공부들 열심히 하셔야 합니다. 견성하는 법은 남녀노소가 따로 없습니다. 누구든지 열심히 하면 다 가능하고, 될 수 있습니다. 공부를 열심히들 잘하셔서 좋은 결과 있기를 바랍니다. 만약 공부가 안 되었으면, 정말 하심으로 사셔야 됩니다. 잘난 척 하시면 안 됩니다. 정말 하심으로 살았으면 좋겠습니다.

가끔 '어떤 삶을 사는 것이 좋을까?' '우리 사문들의 사명감은 뭘까?' 이런 것을 생각하게 됩니다.

우리 책임은 분명 스님으로서의 삶을 충실하게 사는 것입니다. 각자 개성에 따라 부처님께서 방편을 열어놓으신 그 수행법을 익히면서 열심히 정진하는 것이고, 또 삼보三寶를 호지護持해야 하는 책임도 있습니다. 그리고 중생을 이롭게 해야 할 사명도 있습니다. 그렇게 하기 위해서는 부단한 정진을 하며 자기 자신을 만들어야 합니다. 남을 위한다고 하는 것은 그냥 적당히 살아서는 위할 수가 없습니다. 우리는 항상 남의 신세를 지고 삽니다. 유정무정의 신세를 지고 사는데 그 고마움을 간직하고 살면 그래도 그 삶이 충실하리라 믿습니다. 그런데 대부분이 그 고마움을 잊고 사는 경우가 많이 있습니다. 부처님께서 일생동안 거리를 다니시면서 부처님의 법을 중생들에게 가르쳐 주시며 생사를 초탈하라고 이야기를 하셨습니다. 복과 지혜 있는 삶을 살라고 누누이 말씀하셨습니다만 그것을 우리는 잊고 사는 경우가 많습니다.

인간에게는 네 가지 유형이 있습니다. 첫째는 가장 안 좋은 유형이 이기적인 인간입니다. 자기만 생각하고 사는 사람들이에요. 부처님 법으로 보자면 이기적인 승려 생활은 가장 낮은 속된 수준에 속합니다. 남이야 어떻든 말든, 절이 깨지든 말든, 다른 스님이야 고통을 받든 말든 상관하지 않고 사는 것이 이기적인 삶입니다. 그건 속인도 마찬가지입니다. 두 번째는 개인주의입니다. 이기주의보다 조금은 낫지만 그저 자기 몸뚱이, 자기 관리만하는 그런 유형이 제일 많은 것 같습니다. 세 번째는 합리주의인데, 이것은 적당히 노력도 하고, 봉사도 하고 또 그 대가로 자신의 삶도 꾸려 가는 것입니다. 마지막으로, 네 번째가 봉사주의입니다. 이것은 철저하게 남을 위해서만 사는 삶입니다.

모든 성인과 모든 부처님께서는 그렇게 봉사행

을 실천했습니다. 우리는 지금 어디에 속한 존재들인가 한번 생각할 필요가 있습니다. '나는 어떤 존재인가, 이기주의자인가, 개인주의자인가, 아니면 합리주의자인가, 봉사주의자인가.'

그 봉사 중에서도 부처님과 같은 진리를 중생에게 나눠주신 크나큰 봉사는 이 세상에서 최고의 봉사입니다. 어떤 사람이 돈 또는 물건을 남한테 주어서 그 어려움을 편하게 한다는 것도 어떤 면에선 이 세상에서는 귀한 일입니다. 그리고 쉽지 않은 어려운 일입니다. 그러나 무상한 진리를 가르쳐서, 중생들에게 영원히 행복할 수 있는 길을 가르쳐 주는 것은 부처님만이 할 수 있고 깨달은 자만이 할 수 있습니다.

부처님의 가르침은 그대로 우리 인간의 길이요, 광명입니다. 그리고 우리가 가야 할 이정표입니다. 영원히 거기서 떠나서는 살 수 없는 길입니다.

그럼에도 불구하고 공부하는 수행자들이 얼마만큼 불교를 알아서 자기 스스로 수행하고 남에게도 부처님의 법을 가르쳐 주려고 하는지, 책임과 사명감을 갖고 사는 수행자들이 얼마나 있는지 알 수가 없습니다.

남에게 뭘 준다고 하는 것, 그 봉사의 정신이라고 하는 것은 첫째 정진의 힘이 있는 것이 최고입니다. 두 번째로 남을 위해 내놓을 수 있는 물건의 여유가 있으면 더 좋습니다. 그리고 셋째 인격이 있어야 됩니다. 인격이 없는 사람은 남한테 뭘 줄 수가 없습니다. 또 넷째 덕성이 있어야 합니다. 또 다섯째 보편적으로 사회적인 지식도 있어야 합니다. 인격과 지식과 덕성, 그 큰 덩어리는 정진해서 지혜의 힘이 나는 것이며, 그것만큼 큰 것이 없습니다. 그것이 없다면 우리 살림살이는 빈털터리입니다. 또한 아무리 부처님의 경전을 위로 아래로 거꾸로 다 외운다고 해도 실천이 없으면 아무 의미가 없습니다.

만공선사께서 '천사불여일행千思不如一行 천 번 만 번 생각해도 한 번 행동에 옮기는 것만 못하다.'는 말씀을 하셨는데, 참으로 소중한 말씀입니다. 지난번에도 말씀드렸지만 그렇기 때문에 매순간 정성을 다해서 살아야 하고, 경건하게 살아야 합니다.

의외로 출가자들이 박복한 삶을 사는 사람들이 많습니다. 정성스럽지도 못하고 경건하지도 못하고, 그렇다 보니까 매 순간 생활이 거칠어지고 여법하지 못합니다. 복을 만들고 덕을 쌓고 지혜를 만들어가야 할 존재들이 오히려 복을 털어버리며 사는 경우가 많이 있습니다.

부처님께서 말씀하시길, '견지금계堅持禁戒 안처도중安處徒衆 안좌정실하라, 계율을 굳게 지키며 대중들 가운데 편안히 거처하며, 고요한 방에 앉아 정진하라.'고 원각경에서 말씀하셨습니다. 그건 왜 그랬을까요? 남이 보는 데서 나의 존재를 점검받는 것입니다. 보이지 않게 점검받는 것이지요. 인간은 적당히 눈치를 보는 것이 있어야 건전해집니다.

정말 공부를 잘 해서 힘이 있는 분들은 어느 곳에 살아도 상관이 없습니다. 힘을 갖추지 못한 사람이 홀로 산다면 거의 90% 이상은 자의적인 것이 발동합니다. 그리고 나태해지고 방일해질 수가 있습니다. 혼자 살면서도 예불은 제대로 해야 하고, 참선을 제대로 할 것이며, 경전을 제대로 보며, 주력과 염불을 제대로 할 수 있어야 합니다. 만약 그냥 먹고 잔다고 한다면 그건 업만 더 붙일 뿐입니다. 부처님의 훌륭한 법을 만나서 생사를 초탈하겠다고 하는, 대도를 성취해서 중생을 이롭게 하겠다고 하는 신실함이 묻어나야 합니다.

우리가 이렇듯 모여서 법을 청하고 이행한다는 것은 탁마의 시간입니다. 이 탁마하는 시간이야말로 참으로 훌륭한 시간입니다.

31 대도체관大道體寬하여 무이무난無易無難이다.

큰 도라고 하는 것은 당체가 너무 높고 넓어 쉬운 것도 없고 어려운 것도 없느니라.

그렇습니다. 대도는 허공보다 더 넓은 것입니다. '마치 하늘이 널리 땅을 덮은 것과 땅이 모든 것을 다 받치고 있는 것과 같다.'라는 뜻입니다. '개천개지蓋天蓋地라, 완전히 하늘을 덮고, 땅을 덮어 버린 상태입니다.' 사람 사람마다 모두 구족하고 있기 때문에 어려운 것도 쉬운 것도 없습니다.

스스로 '이 마음이 부처'라고 생각을 하면 쉬워지는데, '내 마음은 부처가 아니다'라고 생각하면 어려워집니다. 『신심명』이 초지일관 가르치는 것이 바로 이런 것입니다.

대도大道라고 하는 것은 마음을 의미하는 것인데, 그 마음이 다른 데 있는 것이 아니라 '내 마음이 그대로 부처다' 이렇게 생각을 하면 쉬워지지만 '내 마음이 부처가 아니다'라고 생각을 하고 다른 것에서 찾게 되면 그때부터 어려워지고 헤매게 되는 것입니다.

옛날 중국의 방거사龐居士와 관련된 이야기입니다. 방거사란 분은, 인도에서는 유마거사, 우리나라에선 부설거사와 더불어 3대 거사 중의 한 분입니다. 이분들은 대표적인 재가신도이면서 아주 유명한 선지식이었습니다.

방거사는 엄청난 대부호였습니다. 어느 날 마조스님을 찾아가서 "불법의 대의가 무엇입니까?" 하니, "네가 서방의 물을 다 마시고 오면 그때 내가 말해주리라." 했는데, 거기에서 깨달음을 성취합니다. 그러고 나서 집에 돌아와서 집에서 부리던 모든 하인들을 풀어주고, 모든 물건을 다 나눠주고, 황금, 보석 등을 보따리에 싸서 양자강에 배를 띄웁니다. 그리고 강 중간에 한 뭉텅이씩 던져 버립니다. 그랬더니 사람들이 의아해하며 묻습니다. "그 소중한 것을 남 주면 잘 쓸 텐데 왜 버립니까?" 그랬더니 "이게 독인데, 어떤 사람이 잘못 갖게 되면 그 사람을 망쳐버린다."라고 답을 합니다.

자기가 열심히 노력해서 돈이나 물건을 갖게 되면 그 소중한 가치를 알게 됩니다. 그러나 공짜로 갖게 되면 그 가치를 모르게 됩니다. 그리하여 타락하게 되는 경우가 많이 있습니다. 방거사가 황금을 양자강에 빠뜨린 것은 남한테 삼독이란 독을 짊어지지 않게 하겠다는 심정에서 그런 것입니다. 그리고는 산중으로 들어갔습니다. 아들, 딸, 아내와 깊은 산중으로 들어가 대나무로 조리를 만들어 장사를 해서 연명을 합니다. 남들이 보면 미쳤다고 했겠지요. 그런데 정말 깨닫고 발심한 사람들은 이런 삶을 스스로 선택을 합니다.

어느 날 방거사가 죽을 때가 되었습니다. '열반을 하겠다.'는 생각을 하고 딸 영조한테 이야기를 합니다. '내가 정오에 갈 것이다.'라는 생각만 하고 말은 하지 않고서, "얘야, 해가 정오쯤 되면 내게 일러다오."하고는 방에 앉아 있는데, 영조라는 딸이 들어와서 하는 말이 "오늘은 일식이라서 해가 안 떴습니다." 그럽니다. 사실 일식인지 뭔지 몰라 바깥에 나가서 보는데 그 사이 딸이 방거사가 앉아 있던 그 자리에 앉아서 열반을 합니다. 가족 모두가 다 해탈득도인, 득도해탈한 사람들이었던 것입니다. 방거사가 다시 방으로 들어와 보니 딸이 열반에 들어버린 것입니다. 이를 본 방거사는 "내 딸의 솜씨가 나보다 빠르군!"이라고 말합니다. 이후 이레 뒤 방거사는 고을의 원님을 불러 그의 무릎을 베고 누워 열반에 들었습니다. 이 소식을 들은 아들은 산에서 화전을 개간하다

호미를 든 채로 세상을 떠났습니다. 시장에 가서 조리를 팔아 생활에 필요한 물건을 사러 갔던 부인이 집으로 돌아오는 길에 이런 소식을 전해 듣고 하는 얘기가 "싱거운 인간들 같으니, 갈 때는 말이라도 하고 가지 그냥 갔단 말인가."하고는 종적을 감추었습니다.

일화 한 가지를 더 말씀드리겠습니다. 방거사가 어느 날 말하기를 "참 어렵고 어렵다. 기름을 나무에 올려놓고 말리는 것보다 더 어렵다." 그 소리를 들은 방거사 부인은 "쉽고 쉬움이여, 백초가 모든 조사의 뜻이로다."라고 얘기합니다. '백초시불모百艸是佛母'라는 말이 있는데, '모든 삼라만상 두두물물이 그대로 조사의 뜻이다.'라는 것이지요. 그 말을 들은 딸 영조는 "어렵지도 않고, 쉽지도 않다. 배고프면 밥 먹고, 곤하면 잠자면 되는 것을." 이렇게 표현을 했습니다. 그 본분 자리를 놓고 가족끼리 아버지는 '어렵다'고 표현을 했고, 어머니는 '쉽다'고 표현을 했고, 딸은 '어렵지도 쉽지도 않다'고 표현을 했어요. 당체를 놓고 표현을 하는 방법이 이렇게 달라요. 이렇듯 이 대도는 체가 넓고 넓어서 쉬운 것도 없고 어려운 것도 없다고 했습니다.

우리가 이치적으로 보고, 격외의 도리로 얘기한다면 이 '쉽다, 어렵다'는 말이 당치도 않습니다. 말해서 되지도 않는 이야기입니다. 할 수 없이 중생들한테 보여주려니까 이런 얘기들을 구차하게 하는 것입니다.

32 소견호의小見狐疑 전급전지轉急轉遲니라.

좁은 견해로 의심하면, 서둘수록 더욱 더디어진다.

소견은 지견머리 없는 것을 좁은 소견이라고 합니다. 좁은 견해로 의심하고 의심하지만, 그 호狐자가 여우 호 자인데, 여우처럼 의심한다 하지 말고 의심이 많은 것을 호의라고 하지요. 급히 하고 급히 하려고 하면 점점 더디어진다.

무엇을 그리 급히 하려고 할까요? 지도至道를 급히 알려고 하면 점점 더 멀어진다는 것입니다. 좁은 소견으로 의심하게 되면 즉, 급하게 굴수록 점점 늦어지고 말 것이라는 의미입니다.

우리 공부하는 사람들이 자기 마음이 부처라는 것을 믿지 않고 바깥으로 뭘 구하게 된다면 그런 자들을 소견머리 없는 자들이라 그럽니다. 우리가 알아야 할 것은 이 마음은 모든 것을 다 구족하고 있다는 것입니다. 그렇기 때문에 무한한 공덕과 무한한 위신력과 무한한 지혜와 무한한 자비와 한량없는 복덕을 다 포함하고 있습니다.

그러므로 부처님은 이것을 하나 가지라고 간절하게 말씀하셨습니다. 지혜가 생겨서 참지혜가 생긴 것은 마음이 열려서 생긴 것입니다. 수많은 생을 살아오면서 익혀왔던 업장들이 그것으로 끝이 납니다. 다시는 윤회의 길로 가지도 않고 그것으로 끝입니다. 우리들이 공부하는 이유가 여기에 있습니다. 한번 몸을 뛰어서 허공 밖으로 나아가야 합니다. 일체 사량분별 가시밭에서 뛰어넘어야 합니다. 소견에 집착해서 의심할 것 같으면 그렇게 공부를 하려고 하면 할수록 더 멀어지고 말 것입니다.

33 집지실도執之失度요 필입사로必入邪路이니라.

집착하면 법도를 잃어버려 반드시 삿된 길로 들어서게 된다.

집착하면 법도를 잃어버리게 됩니다. 정도의 길을 다 잃어버려서 반드시 삿된 길로 들어가게 됩니다.

법도를 잃지 말아야 합니다. 차별심과 집착심 때문에 윤회를 하는 것입니다. 집착하면 그 법도를 잃어버려서 반드시 사경邪徑에 들어가게 됩니다.

공부하는 방법도 마음에 자비심을 품고 공부를 하셔야 합니다. 자비심이 없게 되면 결국은 사도邪道로 빠지게 됩니다. 그런데 자비심을 잃어버리고 사는 경우가 많이 있습니다. 자비심이 있어야 진정으로 도를 이룰 수 있습니다.

집지실도執之失度하면 반드시 사경邪徑에 떨어지리

라. 깨달은 지견에 머물러 있다고 하는 것은 집착을 하기 때문입니다. 활달무애豁達無礙하며 사활死活을 자재自在하고 여탈與奪을 자재自在하는 그러한 대도大道는 얻을 수가 없습니다. 그런 것을 일러서 법집法執이다 견자見刺다 이렇게 표현을 하지요.

법에 집착을 하면 견처가 좀 생기면서 우쭐해져 거기에 머물러 사는 사람이 있는데 이를 법에 집착한 인간이다 그럽니다. 그리고 견자라고도 합니다.

이 법집과 견자에 머무르는 사람이 참 많습니다. 그것은 해탈을 얻으려고 해도 얻을 수가 없습니다. 누구든지 죽을 때 보면 알게 됩니다. 또 죽을 때 자유롭게 죽는다고 해탈을 얻은 것은 아닙니다. 그렇지만 생사 앞에 공포심이 없고 자유스러울 정도의 공부가 되어도, 그것은 어디로 미끄러져 나가지는 않습니다.

그런데 조금 견해가 있다고 해서 그것이 다 성취된 양 경거망동하고 오만을 떠는 것은 금물입니다. 바깥으로 깨달았다고 하는 그런 법을 둔다든지, 안으로 능히 깨달은 마음을 기억하고 있다는 것은 다 집착입니다. '나는 깨침이 있다, 깨달았다.' 이런 생각을 하는 것이 다 집착인 것입니다. 그래서 미迷에서 깨닫기는 쉽지만 이미 깨닫고 나서 그것을 잊기는 어렵다고 합니다. 법집에 한번 걸려버리면 그것으로 끝나 버린다는 말입니다.

현애살수懸崖撒手를 해야 되는데, 현애살수가 안 되는 사람들인 것이지요. 이렇게 되면 개천개지혜蓋天蓋地慧를 하려고 해도 할 길이 없습니다. 그러기에 공부하는 사람들은 아주 조심해야 될 일입니다.

34 **방지자연放之自然이요 체무거주體無去住다.**

놓으면 자연스러워 본체는 오고 간다든지 머무름이 없다.

놓아 버리면 모든 것이 저절로 자연스러워진다. 그냥 자연스러워서 가느니 오느니 머무르니, 거래주去來住가 없는 것입니다. 무주처無住處가 진주처眞住處다. 주처가 없는 것이 참으로 머무는 것이라는 의미입니다.

'영광독로靈光獨露 형탈근진逈脫根塵이라, 신령스런 빛이 홀로 드러나 육근육진을 벗어나 있다.'

'체로진상體露眞相 불구문자不拘文字라, 본체가 그대로 항상 드러나 있어 언어와 문자에 걸리지 않는다.'

'진성무염眞性無染 본자원성本自圓成이라, 참 성품은 항상 무엇에도 물들지 않고 본래부터 원만하다.'

이것들은 본래 다 갖추고 있는데 거기다 단리

망연을 왜 넣는지 알 길이 없습니다. 그런데 안 넣고도 견딜 수 없습니다. 그래서, '단리망연但離妄緣은 즉여여불即如如佛'이라 했습니다. '단지 허망한 인연만 여의면 그대로가 곧 부처이니라.' 이렇게 표현을 했습니다.

위의 이야기는 지도의 모든 본성자리를 이야기한 것이고, 그 밑의 단리망연은 간택을 이야기한 것입니다. 단리망연, 망연을 여의어라 하는 것은 간택하지 말라는 것입니다. 간택만 하지 않으면 그대로 부처라는 것입니다. 그렇듯 모든 망연을, 늘 그냥 훌쩍 벗어날 것 같으면 그대로 부처입니다.

자연스러우려면 어떻게 해야 됩니까? 보고 듣고 알고 느끼는 것, 그런 것을 모두 다 놓아버린다면 본래 그 자성자리가 확 드러나게 됩니다. 굳이 그렇게 하지 않으려고 해도 자연히 다 드러납니다.

놓아버리는 것이 무심으로 가는 길입니다. 무심無心을 성취하는 것, 무심이 그대로 중도입니다.

35 **임성합도任性合道하고 소요절뇌逍遙絶惱니라.**

성품대로 맡겨두면 자연적으로 지도에 합하게 되고, 소요하면 고뇌가 끊어지고 마느니라.

만약 심공급제心空及第했다, 마음에 모든 것이 다 비어서 보고 듣고 느끼는 것들이 다 없어져서 만약 본성에 계합할 것 같으면, 굳이 성품을 그렇게 뭘 찾으려고 하지 않아도 도에 합하게 되어 있다는 의미입니다.

'성부대임性不待任이요 도부대합道不待合이다, 성품을 굳이 기다리지 아니해도 자연적으로 그렇게 되고, 도를 굳이 깨치려고 하지 아니해도 자연적으로 도에 합해진다는 뜻입니다.

중봉스님의 게송을 하나 말씀드리겠습니다.

'소요여출수지운逍遙如出岫之雲 절뇌약행공지월絕惱若行空之月이라, 소요함은 산봉우리를 벗어난 구름 같고, 번뇌가 끊어짐은 허공의 달과 같다.'

이렇게 표현을 합니다. 어쩌면 이토록 서사시처럼 경계를 풀었는지 모르겠습니다.

'대원경지중大圓境中에 유수불이有誰不爾라, 대원경지 가운데는 그렇지 않은 사람은 없다.' 업보 중생들은 할 수 없지만, 이 도를 깨달아서 소요자재하는 사람들은 그렇지 않은 사람이 한 사람도 없다는 것입니다.

36 계념괴진繫念乖眞하고 혼침불호昏沈不好라.

생각에 얽매이면 참됨이 어긋나고, 혼침에 빠지면 좋지 않으니라.

계념이라고 하는 것은 어떤 생각에 매어 있는 것, 즉 집착하는 생각입니다. 집착하는 생각은 참됨과 어긋나게 되어있습니다. 진리, 지도와 어긋나게 됩니다. 도에도 매어 있지 아니하고, 일상 생활하는 업력에도 매어 있지 않다는 것입니다.

만약 공부하는 사람이 조금이라도 범부다 성인이다, 깨달았다 미했다 그런 생각을 하게 되면 그런 지견知見을 일러 '혼침했다' 또는 '혼침에 빠져 있다'라고 합니다. 망념을 다 탕진해서 없애야 합니다. 만약 망념이 마음 가운데 있다면 그것은 혼침을 부릅니다. 때문에 혼침은 잠을 자고 있는 모습이라기보다는 나쁜 생각에 빠져들어 있는 상태를 가리킵니다. 그래서 마음이 어디에 매어 있으면 진리에서 벗어나는 것이니, 혼침에 빠져있는 것은 좋지 않은 것입니다.

37 **불호노신不好勞神이어늘 하용소친何用疎親이라.**

좋지 않으면 심기를 괴롭히거늘 무엇 때문에 친소를 하겠는가.

혼침에서 좋지 않아 결국 심기가 불편해지면, 여기서 노신勞神은 심기가 괴롭게 된다는 의미입니다. 어찌 친하고 성김을 가리겠는가. 그렇기 때문에 친소를 굳이 하려고 할 필요가 없다. 친소를 버려야 된다는 것입니다.

마음에 걸리는 그 순간에 진眞을 어기게 됩니다. 이것을 '계념괴진系念乖真'이라고 합니다. 생각에 매어 있게 되면 문득 진을 어기게 되고, 진을 어기게 되는 순간에 정신은 이미 피로하게 됩니다.

정신이 피로하게 되면 반드시 친소를 하게 되어 있습니다. 이러한 과정에는 단계가 있습니다.

공연히 어디에 생각이 매어 있으면 진리와 어긋나게 되고, 진리와 어긋나게 되면 괜히 마음이 불편하고 심기가 불편해집니다. 심기가 불편하면 반드시 친소를 하게 되어 있습니다. 그냥 범부다 성인이다, 깨달았다 미했다는 그 생각 하나에서만 그치는 것이 아니라 그 생각으로 인해서 진을 벗어나게 되고, 진을 벗어나게 되는 순간에 괜히 심기가 불편해지고, 심기가 불편해지면 반드시 친소 중에 하나를 택하게 된다는 말입니다. 친한 놈은 좋지만 나를 싫어하는 놈은 좋지 않습니다. 뿐만 아니라 취사선택이 만들어지니 그때부터 복잡해집니다.

『신심명』은 초지일관, '지도무난 유혐간택'이라고 하는 범주에서 벗어나지 않습니다. 그리고 '단막증애'라고 하는 줄거리가 계속 이어집니다.

38 **욕취일승欲趣一乘인댄 물오육진勿惡六塵이라.**

일승에 나아가고자 하면 육진을 미워하지 말라.

육진을 미워하지 말라 그랬는데 이것도 잘 이해를 해줬으면 좋겠습니다. 육진을 떠나라고 했으면서 '왜 이럴까?' 하는 생각이 들 수도 있습니다.

지도至道, 일승一乘에 나아가려고 하면 육진을 싫어하지 말라고 합니다. 이 마음만 깨치면 육진이 일승이고, 일승이 육진이 됩니다. 불이법문입니다. 초지일관 둘이 아니라고 하는 법문입니다. 자성자리를 등지게 되면 그걸 범부라 하고 자성자리를 순하게 되면 그걸 성인이라고 합니다. '배지즉범背之則凡이요, 순지즉성順之則聖이라.' 이런 것을 잘 이해하셔야 됩니다.

능엄경에 이런 얘기가 있습니다. '아란아, 너는 구생무명俱生無明을 알고자 하느냐?' 여기서 구생은 본래부터 무명, 근본무명입니다. '너로 하여금 생사에 윤회하게 하는 번뇌는 오로지 너의 육근 이외에는 아무것도 없다. 네가 다시 위없는 보리를 알고자 하느냐. 너로 하여금 안락, 해탈, 적정, 묘상을 속히 증득하게 하는 것이 또 너의 육근 이외에 다른 것이 없다. 阿難 汝欲識知俱生無明. 使汝輪轉生死結根. 惟汝六根. 更無他物. 汝復欲知無上菩提. 令汝速證安樂解脫寂靜妙常. 亦汝六根. 更非他物.'

그러니 '우리에게 육근을 싫어하지 말라'하는 것은 '육근을 뒤집어서 성인이 되라'는 것입니다.

육근을 증오해 멀리할 것이 아니라 육근 그 자체가 일승이니까, 부처니까 이 마음을 깨달아서 성취할 생각을 해야지 그것을 미워할 필요는 없다는 뜻입니다. 육근을 내놓고 공부할 수 없습니다.

부처님께서 양극단 수행법을 경책하셨잖습니까. 공부를 하겠다고 몸을 학대하고 왔다 갔다 하는 것이 공부 잘하는 것이 아닙니다. 지혜 있는 사람은 그렇게 하질 않습니다. 육근을 잘 다스릴 줄 알면 됩니다. 바르게 다스리지 못하면 오히려 역효과가 나는 것입니다. 그러기에 '육근을 미워하지 말라. 육근을 미워하면 안 된다'고 강조를 하는 것입니다.

39 육진불오六塵不惡하면 환동정각還同正覺이라.

육진을 미워하지 않으면 도리어 정각과 같다.

정각은 지도요, 자성자리입니다. 근본자리, 자성자리에서 육진이라는 것이 있을까요? 육진, 육근, 육식의 18계가 있을 수가 없습니다. 중생들을 위해 이야기를 하려니까 할 수 없이 이렇게 이야기하는 것입니다. 사실 육진도 없고, 정각도 없는 것인데, 이 묘하게 밝은 마음을 그저 육진이라고 해도 괜찮고, 정각이라고 해도 괜찮습니다. 내가 만약 이 묘하게 밝은 마음을 모르면 육진이라 해도 알지 못할 것이고, 정각이라고 해도 알지 못할 것입니다. 결국 중요한 것은 밝게 깨닫는 것입니다. 밝게 알게 되면 육진, 그 자체가 일승이요, 지도요, 중도요, 정각입니다. 깨닫지 못하게 되면 아무리 보리니 열반이니 해탈이니 해봐야 그건 육진밖에 될 수가 없습니다.

40 **지자무위智者無為하고 우인자박愚人自縛이니라.**

지혜 있는 사람은 작위가 없고, 어리석은 사람은 스스로 얽매인다.

작위가 없다는 것은 조작하지 않는다는 것입니다. 지자는 스스로 자기 마음을 깨닫기 때문에 본래 무위입니다. 거기엔 작위가 있을 수 없습니다.

'우인愚人은 미자심迷自心이라. 어리석은 사람은 자기 자신을 미해서, 마음을 미해서 스스로 묶일 수밖에 없습니다.' 어느 끈에 묶이든 묶일 수밖에 없습니다. 집착이라는 끈에 묶이고, 오욕이라는 끈에 묶이고, 삼독이라는 끈에 묶이고, 법에 묶이고, 도에 묶이고, 중생에 묶이고, 범부에 묶일 수밖에 없습니다. 그렇기 때문에 깨달은 사람은 조작이 없고, 조작이 없기 때문에 비록 하늘 땅 귀신이라도 그 사람을 어찌 할 수가 없습니다. 함이 있는 사람, 조작이 있는 사람은 귀신한테 붙잡히게 되어 있습니다. 그런 함이 없는 사람은 염라대왕이 아니라 제석천왕도 어찌 할 수가 없습니다.

이렇듯 선문을 읽다보면, 결국 모든 것은 스스로 해결하지 않으면 안 된다는 사실을 확연히 알게 됩니다. 자기 문제는 자기 스스로 해결해야지 다른 사람이 해줄 수가 없습니다. 지혜 있는 사람은 작위가 없고, 어리석은 사람은 스스로 결박되느니라. 결국 묶이고 만다는 것입니다.

자성을 깨친 사람이 보는 견해는 평등합니다. 대원경지大圓鏡智 · 평등성지平等性智 · 묘관찰지妙觀察智 · 성소작지成所作智라고 하는 네 가지 지혜[四智]가 있습니다.

무한한 일체가 자성에 걸림이 없는 대원경지에서는 모든 것이 하나입니다. 평등성지는 일체 모든 것이 다 허망한 자리에서 볼 때 모든 것이 다 평등하지요. 그런데 평등만 있어서 될 것인가. 묘관찰지가 있습니다. 가지가지 있는 평등한 가운데 차별을 보는 눈, 그것이 있어야만 중생을 구제하는 것입니다. 가지가지 있는 그 자리에서 있는 그대로의 모습을 보면서 중생들을 구제하는 것이 성소작지입니다.

일제 강점기에 수월선사라는 분이 계셨습니다. 낫 놓고 기역자도 모르는 분이셨는데, 경안經眼이 열린 분이었어요. 그래서 글을 모르는데도 내용을 훤히 아는 어른이셨습니다. 여러분들도 그런 경험이 있으실 것입니다. 그 전에 봤던 서장이나 선요나 어떤 어록을 볼 때 예전에는 전혀 알지 못했는데 탁 보면 눈에 싹 들어오는 경험, 그건 마음이 열린 것입니다.

우리 덕숭산 혜암 방장스님(혜암 현문스님 1884~1985, 덕숭총림 초대 방장)도 글을 모르는 분이셨어요. 우리 노장도 글을 배운 분이 아니셨지요. 그런데 어록 같은 것을 보시면 글자는 모르는데 내용을 정확히 아십니다. 마음을 깨치지 못한 분은 글자는 아는데 내용을 모르지요. 그런데 마음이 열린 분들은 글자는 모르는데 내용을 안

단 말입니다.

일제 강점기 때 경허선사 만제자셨던 수월선사(1855~1928, 경허스님의 3대 제자 중 한 명)는 낫 놓고 기역자도 몰랐습니다.

절에 와서 경허스님께 화두를 달라고 하니 경허스님이 "무슨 화두, 화두하지 말고, 천수주력이나 해라."고 하십니다. 그런데 수월선사는 천진하니까 그 말만 믿고 스승의 천수주력에 몰입을 한 것입니다. 일할 때도, 밥할 때도, 장에 갈 때도 그 천수주력만 하고 다녔던 것이지요. 어느 날 집중이 되어서 삼매가 되니까 마음이 안 열릴 수가 있겠습니까. 마음이 열렸지요. 마음이 열려지면서 세 가지 능력이 생겼습니다. 불망염지不忘念智, 한 번 들으면 잊지를 않아요. 절에 불공하러 온 분의 축원카드에 할아버지부터 삼촌, 고모까지 올려놓으면, 한 가족이 많으면 50명 정도 되기도 하는데,

그것을 모조리 다 외웠어요. 나중에 그 사람이 10년, 20년, 30년이 지나서 불공드리러 오면 '아! 아무개 왔구만.'하고 알아보시고는 축원카드를 안 보고도 다 하십니다. 그게 불망염지입니다. 두 번째는 잠이 없어져 버렸습니다. 혼침惛沈은 결국 분별심分別心이 있기 때문에 오는 것인데, 혼침이 없어졌습니다. 잠을 자지 않고도 낮이나 밤이나 항상 일하고 짚신 삼고 빨래하고, 북간도 가서는 거기 오는 사람들 빨래 전부 해주고 밥 해주고 목욕시켜주고 치료해주고 이렇게 사셨습니다. 세 번째는 관력觀力이 생겨 버렸어요. 쳐다보기만 해도 상대의 속마음을 다 알게 된 것입니다. 생각뿐만이 아니라 몸뚱이도 보고 '이 사람은 위가 헐었네.' '간이 나쁘니 간 조심해라.' '폐가 좀 안 좋구나.' 할 정도였습니다. 그리고 앉으셔서 관을 하면 치료가 됩니다. 이렇게 생각하면 불법이 무슨 샤머니

즘적인 것이 아닌가 하고 생각할지도 모르는데, 실제로 그런 힘이 생깁니다. 불가사의한 것입니다. 사실은 이게 자성의 능력이고 묘용입니다.

또 수월 노스님이 만주에 계실 때, 마적단을 대비하기 위해 돈 있는 집에서 키우던 만주견이라고 하는 크고 무서운 개도 수월스님 앞에선 안 짖더랍니다. 꼬리를 살랑살랑 흔들며 그냥 좋아라 하면서 몸을 비비고 그랬답니다. 이는 수월스님의 마음에서 살의殺意가 완전히 떨어졌기 때문입니다. 마음의 살기殺氣가, 살업殺業이 다 떨어져 완전히 사라졌기 때문에 그런 것입니다.

부처님 법은 묘법입니다. 이 묘법을 만났는데 닦아 익히려고 하지 않고 다른 쪽에 정신이 팔려 살고 있습니다. 정진한다고 하면서 신통묘용을 기대할 필요는 없습니다. 기대하고 시작하면 그 자체가 분별망상에서 혼침불호가 될 수밖에 없습니다. 조심해야 됩니다. 그런 것은 자연적으로 공부가 성취되고 성숙이 되면서 자연적으로 되어야 하는 것입니다.

41 **법무이법法無異法이요 망자애착妄自愛著이니라.**

법이라는 것은 다른 법이 없거늘, 망령되이 스스로 애착한다.

애착한다고 해서 어떤 일이 해결되는 것이 아닙니다.

어록을 보면 '청청취죽青青翠竹이 진시진여儘是眞如라. 푸르고 푸른 대나무가 그대로 다 진여니라.'

'천년죽만년송千年竹萬年松이여 지지엽엽枝枝葉葉이 진개동盡皆同이다.' 진개동, 그 동이 의미하는 것이 진여입니다.

'올올황화兀兀黃花가 무비반야無非般若니라, 울창한 노란 꽃들, 가지가지 그 꽃들이 반야가 아닌 것이 없느니라.'

이런 이치를 깨닫지 못한 사람들은 부처님에 집착해 부처님의 장애를 입게 됩니다. 범부를 집착해 범부의 장애를 입고, 지혜를 집착해 지혜의 장애를 입고, 공덕을 집착해 공덕의 장애를 입게 되는 것입니다. 집착한다는 것, 애착한다는 것 이것이 중생의 큰 병이 됩니다. 이 병만 없으면 법은 그대로 드러나게 되어 있습니다. 법에 집착하면 법의 장애를 입게 됩니다. 그렇기 때문에 망령되이 스스로 애착하지 말라는 것입니다.

42 장심용심將心用心하니 기비대착豈非大錯인가.

마음을 가져 마음을 부리니 어찌 큰 잘못이 아니겠는가.

부처님께서 45년 동안 가지가지 방편方便으로, 편교偏教와 원교圓教, 반교半教와 만교滿教를 설해서 한 가지 꽃을 들었으니 바로 마음을 가져 마음을 씀이라.

영산회상에서, 하늘에서 천 가지 만 가지 꽃비가 내리는데 그 꽃가지를 하나 들어 보이셨지요. 가섭이 빙긋이 웃었단 말입니다. "나의 정법안장을 가섭한테 부촉하노라." 이렇게 말씀을 하셨는데, 선가귀감에 보면 '석가유미회釋迦猶未會 가섭기능전迦葉豈能傳, 석가도 오히려 알지 못하는데 가섭에게 어찌 전할 수 있을 건가.'

선의 입장에서는 일체의 것을 마음과 마음을 허공과 같은 그 마음을 이렇게 이야기한다고 하는 자체를 허물로 보고 있습니다. 마음이라는 것은 모색하기 어려운 것입니다. 부처가 마음이고 마음이 부처인데, 생각으로 알려고 하면 벌써 십만 팔천 리가 됩니다. 그래서 마음을 가지고 마음을 쓰지 말라. 이런 얘기입니다.

부처가 마음이요, 마음이 부처다. 이미 그렇기 때문에 거기서 다 끝이 난 것입니다. 그런데 그것을 생각해서 알려고 하면 벌써 '천지현격天地懸隔이라, 십만 팔천 리로 가버리고 만다.'는 것입니다. 여기서의 표현은 있는 그대로, 자연 그대로, 자성자리 그대로를 이야기하는 것입니다. 만약 어떤 공부의 분상에서 이야기한다고 하면, 이것은 이해를 잘못하는 것입니다.

43 미생적란迷生寂亂하고 오무호오悟無好惡이니라.

미하면 고요함과 산란함이 생기고, 깨달으면 싫고 좋은 것이 없느니라.

능엄경에 말씀하시기를, '무루진정 운하시중경용타물無漏真淨 云何是中更容他物, 무루無漏한 세계의 진정계眞淨界에는 다른 물건을 용납하지 않는다.'라고 하였습니다. 고요하지 않으면 시끄럽고, 요란하지 않으면 고요하니 동動도 미迷요, 정靜도 미迷요, 난亂도 미迷요, 적寂도 미迷이니라. 사바세계라는 것은 적寂도 있고 난亂도 있고, 미迷도 있고 오悟도 있고 정靜도 있고 동動도 있지만 그런 것들이 다 미迷한 것이 됩니다.

능히 이 미함을 요달了達하여 당처를 해탈하면, 낱낱이 천진天眞이요 낱낱이 명묘明妙라 한다. 이제 어지러움도 볼 수 없고, 고요함도 볼 수가 없어요. 이변을 떠나고 중도에도 머물지 않으니 어찌 좋고 싫은 생각이 있어 다시 장애가 되겠습니까.

바로 능엄경에서 말씀하신 것인데, 이 적란寂亂과 호오好惡를 정확하게 지적을 했습니다. 결국은 미하고 깨닫고 고요하고 산란하다는 것은 모두가 마음에서 번뇌 망상에서 일어나는 작위입니다.

44 일체이변一切二邊에 양유짐작良由斟酌이니라.

일체의 두 변견은 자못 짐작하기 때문이니라.

일체의 두 변이라고 하는 것은 우리가 스스로 망령되이 짐작하는 것에서 만들어진다는 것입니다.

짐작이라고 하는 두 글자는 위에서 유혐간택이라고 했지요. 그 간택하는 것 때문이라는 것입니다. 짐작은 간택과 같습니다. 간택하는 마음이 없어지지 않으면 고요하고 요란한 두 변견이 움직일 수밖에 없습니다. 집착의 생각을 버리지 않으면 일체 둘 아님을 얻을 수가 없습니다. 간택하는 생각, 그것은 집착하는 것과 마찬가지로써 집착하는 것은 짐작하는 것과 마찬가지며, 그리하여 일체이변은 짐작하기 때문에 그렇다는 것입니다.

45 몽환공화夢幻空花니 하로파착何勞把捉인가.

몽환과 공화를 어찌 수고로이 잡으려하는가.

금강경에 '여몽환포영 여로역여전, 모든 것이 꿈과 같고, 환과 같고 물거품과 같고 아침 이슬과 같은 것이다.' 그런데 무엇 때문에, 왜 이것을 잡으려 하는가. 그것을 잡으려고 허덕거리는 것이 중생입니다. 그러다 보니 신심이 괴로울 수밖에 없고, 고달플 수밖에 없습니다.

금강경 마지막에 부처님께서 말씀하시길, 정신들 차려라. '일체유위법一切有爲法이라는 것은 여몽환포영如夢幻泡影하고 여로역여전如露亦如電한데 무엇 때문에 그렇게들 애쓰고 고생하고 헤매고 분주한가.' 우리들도 몽환포영을 잡으려고 애쓰는 사람들이 많습니다. 해봐야 되지도 않는 것을, 속인들도 잡으려고 해도 잘 안 되는데 중들이 잡으려고 애쓰는 사람들이 있습니다. 금강경의 의미를 모르니 몽환포영을 죽어라 잡으려고 하는 것입니다.

영가스님은 '증도가'에서 '방사대막파착放四大莫把捉하라, 사대를 놓아버리고 잡으려고 하지 마라. 적정성중寂滅性中에 수음탁隨飮啄하라, 고요하고 고요한 그 성품 가운데에서 그냥 수음탁하라' 수음탁하라는 것은 모든 것으로부터 자유스러워라는 의미입니다.

'제행무상일체공諸行無常一切空이니, 모든 제행이 무상해서 일체가 다 공해버렸으니, 즉시여래대원각卽是如來大圓覺이라, 그것이 여래의 대원각이라.' 제행무상해서 일체가 공한 그 자리가 곧 그대로 여래의 대원각입니다. 그런데 제일 중요한 것은 방사대막파착하라는 것입니다.

사대를 놓아버려라. 밥 먹고 왔다 갔다 다들

하지요. 그럼에도 거기에 매이지 마라, 마음을 두지 마라는 것입니다. 몽환공화인데 하로파착이냐. 참 좋은 이야기입니다. 몽환이요 공화인데 무엇 때문에 그걸 잡으려고 합니까.

이건 좀 다른 이야기입니다만 복을 짓고 살고 덕을 쌓고 살아야 하는데, 없는 사람이 뭘 내놓는다는 것은 어렵습니다. 그러나 그 마음으로 내면 됩니다. '정말 잘 됐으면 좋겠다. 저 사람 좋아졌으면 좋겠다.' 그런 연민의 마음을 가지고 생각을 낼 때, 그것이 복덕을 몰고 오는 하나의 길입니다. 마음으로 베푸는 거예요. 마음으로. '저 사람 행복했으면 좋겠다. 저 사람 잘 됐으면 좋겠다. 저 사람 편해졌으면 좋겠다. 저 사람 정진 잘 했으면 좋겠다.' 이런 생각을 간절하게 하세요. 돈 안 들이고 복을 만드는 길입니다.

나는 글을 전공한 사람도 아니고, 뭐라 내세울 것도 없는데 여러분들을 만나 여러분들과 함께 탁마를 하는 것이 얼마나 좋은지 모르겠습니다. 행여 여러분들한테 어떤 도움이 안 될까 걱정을 합니다. 『신신명』은 내 말이 아니고 삼조 승찬스님의 간절한 말씀이시기 때문에 이런 것을 한 구절이라도 여러분들이 마음에 담고 있다는 것은 그 자체가 하나의 인연이 되고 공덕이 되므로 중노릇하는데도 필요하지만 인과를 좋게 하는 데도 필요합니다.

소승은 항상 이런 생각을 합니다. '스님들만큼 출가사문만큼 당당하고 떳떳한 사람도 없다.' 남녀를 불문하고 정말 대장부, 출격장부를 향해서 가는 사람들이잖습니까.

비구니스님들한테 항상 얘기를 합니다만, 비구니스님들이 비구스님들처럼 똑같이 바지저고리 입고, 똑같이 머리 깎고, 이런 것은 세속에서 여자라고 하는 성별을 떠난 출가사문으로서 당당하고 떳떳함을 의미합니다. 그렇기 때문에 세속처럼 여자의 감정을 가능하면 갖지 않았으면 좋겠습니다. 당당하고 떳떳한 그런 모습을 가지셨으면 좋겠다는 생각을 합니다. 출격장부를 향해 가는, 견성성불을 향해 가는 똑같은 부처님의 제자들입니다.

인생은 두 번 태어난다고 합니다. 한 번은 어머니, 부모한테서 몸을 받는 것인데, 이것은 생물학적 태어남입니다. 두 번째는 생활인으로서 태어남입니다. 생활인이라는 것이 무엇입니까? 교양인, 지식인, 인격자로서 그리고 하나의 문화인으로서, 또 우리 출가사문은 특히 정진하는 청정승으로서의 출발인 것입니다.

이 두 번째가 중요합니다. 몸뚱이, 생물학적 존재가 중요한 것이 아니라 '그 생물학적 존재를 어떻게 만들어 가느냐.' 이것이 가장 소중하다고 봅니다. 어떤 사고를 갖고 살아야 될 것인가. 스님은 그 사고가 분명하고 가치정립이 분명해야 합니다.

우리가 생각하는 가치는 '견성성불見性成佛'이라고 하는 최대의 가치입니다. 그 가치를 구현하기 위해서 우리는 날마다 자신을 가꿔가는 것입니다. 가꿔가는 것이 진실하고 진실해야 합니다. 제대로 가꾸지 않는다면 출가의 뜻은 흐려질 수밖에 없고, 아주 망가질 수밖에 없습니다.

나는 여러분들과 함께하는 이 순간을 참으로 소중한 시간이라고 생각합니다. 어느 집단이든지 그 집단의 사고와 사상과 철학이 가치가 정립되지 않으면 그 개인이나 집단은 융성하려고해도 융성할 길이 없습니다.

어떻게 생각하고 어떤 삶을 살까. 지금이야 말로 우리가 한번 큰마음을 내고 변화를 생각하지 않는다면 미래를 기약할 수 없다고 생각합니다. 그렇기 때문에 우리가, 이 자리에 있는 우리 모두가 정말 정성스런 마음으로 자기 자신을 위해 가꿔나가고 또 부처님 법을 위해서 위법망구爲法忘軀 하는 생각을 갖고 삶을 살아야 한다고 생각합니다. 여법하게 중노릇하고, 정말 힘들여 정진을 하는 수밖에 다른 길은 없다고 생각합니다. 국민들이나 사부대중으로부터 인정받고, 신뢰 받고 존경 받는 승단을 만들어야 합니다. 지금 여기 있는 분들이 모두 같은 한 생각으로 잘 다독거려서 나가지 않으면 안 되겠다는 생각 때문에 이런 말씀을 드립니다.

46 득실시비得失是非를 일시방각一時放卻하라.

득실과 시비를 한꺼번에 털어버려라.

일시방각, 한꺼번에 털어버려라는 것입니다. 특히 불법을 공부하는 사람들은 이해득실에 너무 민감하면 사실은 공부할 수 없습니다. 득실과 시비를 한꺼번에 놓아버리고, 때로는 손해 보는 듯하고, 바보 같고, 벙어리 같고, 이렇게 살아야 좋습니다. 사실 이 일법계 중에는 잃을 것도 없고, 얻을 것도 없습니다. 그 본 자리에서 볼 때 옳은 것도 없고 그른 것도 없는데, 실로 망령된 생각 때문에 다른 견해가 생겨서 득실이 없는 가운데 득실을 따지고, 시비가 없는 가운데 분연히 시비가 일어나고 있습니다.

조사들은 우리들을 보고 시비득실을 한꺼번에

놓아버리라고 이렇게 강한 말씀을 하셨습니다. 삼조 승찬스님도 그 시절에 엄청난 어려움을 겪으면서 생활했고, 달마스님은 독약을 잡수셨고, 자기 법사法師이신 혜가스님은 목이 잘려나갔을 그때 그 비참한 현실을 생각하면서 얼마나 가슴 아파하고 괴로웠을까 하는 생각을 해 보십시오. 그렇듯 이해득실을 따지게 되면 공부와는 거리가 멀어지게 되는 것입니다.

47 안약불수眼若不睡하면 제몽자제諸夢自除다.

만약 우리 눈이 잠을 자지 않으면 모든 꿈은 스스로 없어지고 말 것이다.

'광겁장도曠劫障道에 수마막대睡魔莫大다, 도를 장애하는 데는 수마만큼 장애되는 것이 없다.'

그런데 혼침이라는 것, 혼昏이라는 것이 다른 것이 아니고, 분별망상으로 자꾸 이 생각 저 생각을 따질 때 그것을 혼이라고 했습니다. 그런데 실제로 공부할 때 화두가 일념이 되고 공부가 잘 되면 잠은 사실 없어집니다. 보통 세상 사람들이 말하길 잠은 여섯 시간 이상을 자야 장수한다고 그럽니다. 스님네들도 여섯 시간을 꼭 자려고 하는 사람들이 있습니다만 사실 그게 망상입니다. 잠은 아주 진실하게 꿈 없이 푹 자면 한 두서너 시간이면 충분합니다. 괜히 잠 잘 때도 망상을 피웁니다. 지난번에 에너지에 대해 말씀드렸듯이 공부에 집중해서 완전히 몰입을 하면 잠은 많이 없어지고, 많이 줄어듭니다. 어떤 사람은 잠 때문에 화두가 안 들린다고 하는데, 화두 들려고 노력도 안 하니 잠이 더 오는 것이지요. 만약 눈을 크게 뜨고 역력하게 앉아 있으면 혼침은 자연적 사라지게 되어있습니다.

그런데, 내가 대중들하고 살아보니 어떤 사람은 앉자마자 잠 잘 폼을 딱 잡고서 졸아대는데, 아주 처음부터 자려고 마음을 먹습니다.

나는 용맹정진을 거의 마흔 번 정도 했는데, 아주 간절한 마음을 갖고 이번엔 잘 해보겠다는 생각으로 정진을 하면 잠도 없어지고, 몸뚱이도 덜 고단했습니다. 그런데 '용맹정진한다' 하면 미리 겁부터 먹는 사람들이 있습니다. 그래서 시작하기 며칠 전부터 잠을 더 잡니다. 그것은 마음을 어떻게 쓰느냐의 문제인데, 마음을 단단히 해서 올곧게 하려는 생각은 않고, 미리 이 위기를 어떻게 넘길까 생각하니 몸뚱이 관리하다가 끝이 나 버리고 공부가 안 됩니다. 그러니 만약 잠을 자려고 하지 않으면 모든 꿈은 스스로 없어지는 것입니다.

48 심약불이心若不異하면 만법일여萬法一如라.

마음이 만약 다르지 아니하면, 만법이 한결같으니라.

다르지 않다는 것은 차별이 없다는 뜻입니다. 만약 다르지 아니하면, 마음에 그 차별만 없게 되면 온갖 법이 한결같으리라는 이야기입니다. 만법은 본래 같지만 마음 때문에 뭔가 전부 달라져버립니다. 생각만 잘 하면 모든 것이 다 편안해지고 즐거워지고 한결같아 지는데, 그 한 생각 잘못하기 때문에 그런 것입니다.

예를 들어, 성인과 범부를 따로 보기 때문에 그렇다고 하는 것인데, 쉽게 평소처럼 생각을 해보겠습니다. 정말 '일체유심조一切唯心造'라는 말은 맞습니다. 하지만 일체유심조 도리를 많이 들으면서도 우리는 그것을 깊이 이해하고 생각하려 하지 않았기 때문에 관념적으로, '아! 내가 잠을 안자면 많이 힘들지.' '뭘 적게 먹어서, 영양이 없어서 몸이 좀 형편없지.' 이런 생각을 하는 순간에 그 생각과 더불어 그대로 그렇게 되는 것입니다.

성인과 범부를 하나라고 보고, 물건과 나를 평등이 하고, 나와 남을 하나로 하고, 미움과 사랑을 평등이 하고자 하면 어찌 차별이 있겠습니까. 만법이 일여해질 수밖에 없습니다. 그 차별만 없어지면 모든 법은 한결같아질 수밖에 없습니다. 그럼에도 불구하고 중생들은 가지가지로 스스로를 자승자박하여 만법이 한결같지 못한 것입니다.

49 **일여체현**一如體玄**하면 올이망연**兀爾忘緣**이라.**

한결같은 그 체가 현묘해서 올연히 모든 인연을 잊음이라.

그 체가 미묘하고 현묘해서 모든 존재들의 인연이 끊어졌다. 한결같다, 일여하다고 하는 그 체는 현묘하고 현묘해서 올연히 모든 망념을 다 잃어버렸다는 것입니다. 이것은 그 현묘하고 현묘해서 인연으로 있는 것도 아니고, 자연히 이루어진 것도 아닙니다. 모든 사구四句와 백비百非가 다 끊어져 버렸습니다.

비록 부처의 눈이라도 볼 수 없고, 성인의 마음으로도 헤아릴 수 없는 것이 일여한 소식입니다. 일여한 체가 현묘하다는 것은 그런 것을 의미하는 것입니다. '척대천어방외擲大千於方外 권법계어호단卷法界於毫端, 대천세계를 방외에 던져 버리고 법계를 터럭 끝에 거둬드린다.'

모든 인연을 잊고 대대待對가 끊어진 것입니다. 상대가 끊어진 것이지요. 불이법입니다. 이분법이 다 끊어진 것입니다. 끊어진 자리를 일여체가 현묘하다고 하는 것입니다. 한결같을 수밖에 없습니다. 일여한 체가 현묘하다는 것은 모든 사구와 백비가 다 끊어져 버리고 부처의 눈으로도 볼 수 없고, 성인의 마음으로도 헤아릴 수 없는 그 자리를 일러서 일여한 체가 현묘하다고 합니다. 모든 망념을 다 끊어버렸다는 것이지요.

그러니까 맨 처음 나온, '지도무난 유혐간택 단막증애 통연명백'이라고 하는 그 두 글귀의 연속 상연입니다. 연결해 보면 똑같은 내용을 이렇게 계속 반복해서 이야기하고 있는 것입니다.

50 **만법제관**萬法齊觀**하면 귀복자연**歸復自然**하리라.**

모든 만법을 제관하면, 복귀가 자연스러워지리라.

제관, 가지런히 평등하게 본다, 똑같이 본다, 만법을 하나로 본다, 일여로 본다는 것입니다. 만법을 하나로 보면 복귀가 자연스러워지리라는 것입니다.

사실 자성은 돌아가고 나오는 그런 자리가 아닙니다. 그렇지만 말로 하려니, 지도를 우리의 목표로 하고 있으니 그 지도의 삶이 자연스러워지리라 그렇게 말한 것입니다. 인연을 따르기 때문에 진여가 만법이고 마음은 변하지 않는 것이기 때문에 만법이 진여다. 만법과 진여가 둘이 아니잖습니까. 그것이 일여한 것입니다. 마음 밖에 만법이 없으니 만법은 마음을 반영하는 것입니다. 제관한다는 것은 간택하지 않는 것이라는 뜻과 같습니다. 똑같이 보라는 이야기입니다. 만약 간택을 하면 제관이 될 수가 없습니다. 이것저것 따지는데 제관이 되겠습니까? 간택만 하지 않으면 모든 삼라만상을 제관하는 힘이 생기는 것입니다.

51 **민기소이泯其所以하면 불가방비不可方比니라.**

그 소이가 없어진다면 가히 방비할 수가 없다.

방비方比할 수가 없다. 괜히 까닭을 만들기 때문에, 소이연을 만들기 때문입니다. 소이所以라고 하는 쓸데없는 것을 만들지 않게 되면, 소이연所以然은 어떻게 보면 조작입니다. 조작이 없게 되면 그 자성 자리는 방비, 즉 무엇과도 비교할 수 없다는 뜻입니다.

해탈보리심은 비유로써 말할 수 있지만 일체 이

름과 형상이 떨어진 그 한 마음은, 그 마음이 떨어지고 아울러 잦아진 그러한 때에는 뭐라고 표현할 수 없고, 비유로도 말할 수 없습니다. 본분 자리는 언어로도 표현할 수 없고, 무엇으로도 표현할 수 없습니다.

육조스님이 말씀하시기를, "여기 한 물건이 있는데, 일찍이 소소영영昭昭靈靈하여 난 바도 없고, 멸하는 바도 없다. 뭐라고 이름 붙일 수도 없고, 모양을 붙일 수도 없다. 이것이 무슨 물건인가?" 이렇게 표현하셨습니다. 방비할 수 없는 것이 우리 자성 자리이고, 본분 자리이고 지도입니다.

이러한 물음에 대해 당시 열세 살이었던 하택신회荷澤神會 선사는 '제불지본원諸佛之本原이며 신회지불성神會之佛性이다.'라고 대답을 했습니다. 육조스님께선 "너는 지해종사知解宗師 밖에는 못되겠구나!" 그러셨습니다. 그래서 신회선사를 얼자孼子라고,

지금까지 한국불교에서는 그분을 그렇게 취급하고 있습니다.

그 후 남악회양 선사가 육조스님을 찾아왔을 때, 똑같이 물어보니 꽉 막혀 대답을 못하고 어쩔 줄 몰라 했습니다. 다시 8년이라는 긴 세월을 닦고 육조스님을 찾아뵈니, 육조스님이 다시 물었습니다. "그 도리가 무엇이냐?" 남악회양 선사는 "설사 한 물건이라 해도 맞지 않습니다."라고 답을 하십니다. 스님께서 한 물건이라고 했는데, 한 물건이라니 그게 맞는 소리인가. 그건 어림도 없는 소리입니다. 육조스님께서 "너도 그렇고 나도 또한 그렇다." 하면서 인가를 하십니다.

그런데 신회라고 하는 이 분이야 말로, 육조스님을 오늘날 우리가 아는 육조 대선지식, 중국에서 가장 위대하다고 중국 사람이 생각하는 그런 스님으로 만든 사람이 바로 하택신회입니다. 그리고 하택신회의 어록을 보면, 참으로 훌륭합니다. '돈오입도요문'하고 하택신회의 논리하고 전혀 다른 것이 없습니다.

하택신회를 "육조스님의 적자嫡子가 되지 못한다. 얼자다, 서자다."라고 합니다. 하지만 중국의 지금 학자들은 그렇게 보질 않습니다. 하택신회야 말로 가장 열렬한 선사였고, 육조의 적자라고 표현을 하고 있습니다. 참으로 훌륭한 분이었습니다.

52 **지동무동止動無動이요 동지무지動止無止다.**

그치면서 움직이니 움직임이 없어지고 움직이면서 그치니 그침이 없다.

지난번에는 동과 지의 근본을 상대적으로 봤기 때문에 지는 동의 근본이요, 동은 지의 근본이다. 그래서 서로가 뗄 수 없는 이분법으로 봤습니다만 여기는 이분법으로 본 것이 아니고, 행위, 그 상황으로 본 것입니다. 그치면서 움직이니까 움직임이 없어졌다, 지라는 건 정靜이고, 동이라는 건 난亂이 아닙니다. 정과 난을 둘이 아닌 모습으로 본 것이 아니고, 여기는 행위적으로 본 것입니다.

그치면서 움직이니, 움직임이 없다. 이것이 무엇일까요? 그치면서 적정함 속에서 움직인다. 적정함 속에서 움직이니 움직임 그 자체가 사실은 적정이지요. 움직이면서 그치니 그침도 없다. 그건 거꾸로 입니다만 아무리 움직이더라도 적정을 잃지 않으니 그건 지와 동이 둘이 아닌 상태입니다.

조사께서 노파심으로 지와 동의 이변경二邊境을 가지고 한 덩어리를 만들어서 설파해 주신 것입니다. "정이 곧 동이요, 동이 곧 정이다. 전혀 다르지 않다." 이렇게 말씀하셨습니다.

만법을 가지런히 보라는 취지인데, 어찌 동과 지뿐이겠습니까. 모두 이분법적으로 봤을 때 문제지, 이분법적으로 보지 않으면 동과 지가 전혀 다르지 않습니다. 동하면서 그치니까 그침이 없고, 그치면서 동하니까 움직임도 없다. 이것을 잘 이해하셔야 합니다.

승조법사라는 분이 이런 얘기를 했습니다. '정이 곧 동이요, 동이 곧 정인데, 그것이 하나지 둘이 아니다.' 이렇게 표현을 했습니다. 승조법사는 서른세 살에 아깝게 세상을 떠났습니다. 서진 사람인데, 이 분은 일찍이 공부를 잘 해서 아주 밝은 대선지식이었습니다. 그 때 서진의 왕이 도인이고 머리가 좋다고 하니 자꾸 부릅니다. 그런데 가질 않습니다. 두 번째 불러도 안 갔습니다. 다시 세 번째 부르면서 "이번에도 오지 않으면 너는 죽는다."고 했습니다. 그런데도 이 분이 안 갑니다. 세 번을 불렀는데 안 오니 왕은 기분이 나빴지요. 잡아들여 감히 임금의 명령을 거역하였으니 죽이겠다고 하면서 할 말이 없는지 물으니 일주야一晝夜만 말미를 달라고 합니다. 그러면 편안히 시키는 대로 죽겠다면서. 그 말인 즉 하루 낮 하룻밤이라고 하는데 하루 낮 하룻밤은 아닌 것 같고, 일주일이 맞는 것 같습니다. 승조법사는 그 일주야 동안 '조론肇論'이라는 책을 썼습니다.

'조론'을 보면 부처님의 중도사상을 잘 정리해 놨습니다. 여러분들이 시간을 내어 '조론'을 한번 읽어봤으면 좋겠습니다. 그 '조론'을 완성시켜 다 짓고서 "이제 내 할 일을 다 했다. 내가 남기고 싶은 것을 '조론'이라는 책 속에 다 남겼으니 이제 나를 죽여 달라."고 합니다. 단두대로 데려가 "마지막으로 할 말이 있으면 해봐라." 그랬더니 승조법사가 게송을 읊습니다.

'사대원무주四大原無主, 이 사대는 원래 주인이 없어. 오온본래공五蘊本來空이라, 오온은 본래 공한 것이니라. 장두임백인將頭臨白刃하니 흰 칼을 들어 목에 대니, 유사참춘풍猶似斬春風이라, 마치 칼로 봄바람을 베는 것과 같다.'

생사에 전혀 공포나 두려움, 슬픔이나 기쁨이

다 떠나간, 정말 여여한 모습입니다. '사대가 본래 주인이 없고, 오온이 본래 공한 것이라 흰 칼을 목에 대니 마치 봄바람을 베는 것과 같다.'는 말을 남긴 승조법사는 아까운 서른세 살 나이에 세상을 떠납니다. 이 분이 '정은 동과 다르지 않고 동은 정과 다르지 않다.'는 말씀을 하셨습니다. 이 도리를 알게 되면 일진법계가 일여해서 영원히 묘용자재가 드러나지 않을 수 없는 그런 자리입니다. 이런 경지는 영원히 자유스럽고, 영원히 걸림이 없고, 영원히 안락한 자리입니다. 이 자리를 일러 '안심입명처安心立命處'라고 합니다. '승조법사는 안심입명처를 증득한 분이다.'라고 합니다.

53 **양기불성**兩既不成**인데 일하유이**一何有爾**이라.**

두 가지가 이미 이루어지지 않았으니 한 가지인들 어찌 있으랴.

불이법문은 선가禪家에서 중요합니다. 물론 부처님께서 불이법문을 많은 경전에서 말씀하셨지만, 불이법문이 가장 극명하게 대두됐던 때는 유마거사에게서 비롯됩니다.

유마거사가 칭병稱病을 하고 앉아 있습니다. 부처님 제자들이 유마거사를 문병하는 일로, 훌륭한 부처님의 제자들이 문병을 갔다가 문답에서 다 깨지고 돌아옵니다. 마지막으로 문수보살이 많은 대중들을 이끌고 찾아갑니다. "둘이 아닌 법이 대체 뭡니까?" 이렇게 질문을 하니, 유마거사는 답을 안 하고 묵묵히 앉아 있습니다. 유마거사가 묵묵히 앉은 그 소식을 대천세계를 울리는 고성의 법문이었다고 합니다. "대천세계를 울리는 참 법문이었다." 그렇게 표현을 합니다. 불이不二를, 둘 아닌 법을 그렇게 표현했는데, "앉아서 묵묵히 대답 없는 그 모습이 불이법을 가장 잘 나타낸 법문이었다."고 지금도 선방에서 회자되고 있지 않습니까.

불이不二, 둘이 아니다. 둘이 아니면 하나라는 이야기겠습니까. 하나도 아닙니다. 할 수 없이 '일여一如다.'라고 그러는데, 하나라고도 할 수 없는 것입니다. 옳음은 그름이 없는 옳음이 아니고, 그름은 옳음이 없는 그름이 아닙니다. 비非는 비가 아니고 시是는 시가 아닙니다. 옳은 것이 있으면 그른 것이 먼저 있고, 그른 것이 있으면 옳은 것이 먼저 있습니다. 시와 비는 항상 함께 있는 것이지 둘이 아닙니다. 그래서 옳은 것만 홀로 설 수 없고, 그른 것만 홀로 존재할 수 없는 것입니다. 그른 것은 옳은 것이 근본이고 옳은 것은 그른 것이 근본인데, 진망미오眞妄迷悟도 모두 그와 같습니다. 그렇기 때문에 시비라는 상대가 이미 없는데 중도中道라고 하겠는가, 그런 하나는 어떻게 존재하는가, 중도도 존재할 수 없습니다. 두 가지가 이미 이루어지지 않는데, 하나인들 있을 것인가. 하나도 있을 수 없고, 사실 중도라는 것도 있을 수가 없는 것입니다.

54 구경궁극究竟窮極은 부존궤칙不存軌則이니라.

지극한 도의 궁극은 궤도의 법칙을 두지 않는다.

온 시방세계에 있는 허공과 모양이 크고 작은 것, 넓고 넓은 것 모두가 다 자기가 멋대로 만들어 낸 것입니다. 조사의 전지田地를 떠나지 않고 멋대로 말하더라도 모두 옛 부처의 참된 말입니다.

어떤 사람이 여자를 껴안고 석가를 꾸짖으며 술독에 빠져 취해서 미륵을 때린다 하더라도 일양삼매一陽三昧를 갖추어서 아무런 문제가 없습니다. 거기에 무슨 개차開遮니 지범持犯이니 하는 것이 있을 수 없습니다. 부존궤칙이라는 것이 이런 이야기입니다. 궁극에 가서는 허용하고, 막고, 지키고 범할 계율도 없습니다. 삼계를 벗어난 출격장부는 지켜야 할 계율도 없고, 범할 계율도 없다는 것이 부존궤칙, 즉 궤칙이 없다는 것입니다.

이것을 일러서 '대오大悟는 불구어소절不拘於小節이라, 큰 깨달음은 작은 예절에 구속되지 않는다.' 고 영가스님은 말했지만, 일향삼매에 있는 존재들은, 일행삼매一行三昧에 있는 존재들의 구경궁극은 부존궤칙이라는 것입니다. 그런 존재가 되려면 일향삼매에 들어 있어야 됩니다. 그것을 일상삼매一相三昧라고도, 또 일상장엄삼매一相莊嚴三昧라고도 합니다. 그건 어떤 상태겠습니까.

우주에 있는 모든 물物과 심心, 심법心法을 한 현상으로 평등하게 관하는 삼매를 일향삼매一向三昧, 일상삼매, 일상장엄삼매라고 합니다. 일향삼매, 일상삼매, 일상장엄삼매에 들지 않는 사람들이 공연히 잘못 생각해 엉뚱한 짓을 하면서 건방 떨고, 마구잡이로 거친 행동을 하면 무간지옥에 사정없이 쏜살같이 가는 것이지요. 스님들 중에 공부도 잘 안 하고, 견처도 없고, 정진력도 없는 자들이 아무렇게나 행동하고 생각을 하게 되면 지옥감이지 별 수 있겠습니까.

구경궁극은 규칙을 두지 않는다, 규칙이 있으면 구경궁극이 되지 못합니다. 이것 하나를 위해 가는 것입니다. 거기엔 둘 것을 두지 않는 게 아니라 그 어떤 규칙이 없다는 것입니다.

55 **계심평등契心平等하면 소작구식所作俱息이니라.**

마음이 평등한 데 계합하게 되면 일체 하는 것이 다 쉬어진다.

쉬지 않으려고 해도 쉬어집니다. 평등해 계합해야 합니다. 차별이나 분별심에 들떠 있으면 언제든지 갈등과 시비와 분별에서 벗어날 수가 없습니다. 작란作亂에서 벗어날 수가 없습니다. 마음이 평등한 것에 계합할 것 같으면 하는 것을 한꺼번에 다 쉬어버린다는 것입니다.

'시법是法이 평등平等하야 무유고하無有高下라'는 이야기가 있습니다. 이 법이 평등해서 고하가 있지 않다는 것입니다. 온 대지에 자기와 상응하지 않는 것이 없습니다. 평등하다는 것은 나와 상응하지 않는 것이 없는 계심평등입니다. 실제로 그 마음을 요달할 것 같으면 일체처 일체시에 평등합니다. 평등하지 못하면 항상 일체 모든 것에서 작위가 일어날 수밖에 없습니다. 조작이 일어날 수밖에 없습니다.

원각경圓覺經에 이런 이야기가 있습니다. '성자평등性自平等하면 무평등자無平等者라, 성인은 스스로 평등하여 평등하게 할 것도 없다.' 우리 자성 자리는 평등해서, 평등하게 한다는 그럴 필요도 없다는 것입니다. '시법이 평등하야 무유고하라.' '성자평등해서 무평등자라.' 이렇게 이야기했습니다.

56 호의정진狐疑淨盡하면 정신조직正信調直하리라.

의심을 깨끗이 다하면, 바른 믿음이 고르고 곧아지리라.

정진이라는 것은 의심이 완전히 사라졌다는 것인데, 정신조직이라.

신심은 두 가지가 있는데, 하나는 정신正信, 바른 신심이고, 다른 하나는 사신邪信, 삿된 신심입니다. 정신이라는 것은 자기 마음이 부처라는 것을 믿어 밖으로 구하지 않는 바른 신심입니다. 그리고 사신이란 자기 마음이 부처인 줄 믿지 않고 마음을 일으켜서 밖으로 구해서 무슨 굉장한 것이 밖에 있는 것처럼 여기는 것이 모두 삿된 신심입니다. 따라서 '정신'이라는 것은 '철저히 자신이 부처인 줄 알고 공부해 나가는 것'입니다.

그전에 어떤 수좌가 하나 와서 산신각을 자기

가 맡게 해달라고 했습니다. "왜 하필이면 산신각을 맡으려 하냐." 그러니까 "산신기도를 해서 덕을 좀 보려고 그런다." 해요. 내가 크게 혼을 냈습니다. "이 놈아, 산신이 없는 것은 아니지만 그 생각하는 순간에 삿된 곳으로 빠져서 영원히 못나온다." 그렇게 혼을 내고 바른 신심으로 수행할 수 있도록, 마음이 변하도록 잘 가르쳐서 보냈습니다.

1956년도인가 1957년도인가, 조계사를 갔었습니다. 그때 동산 큰스님이 종정이셨지요. 나는 중노릇하면서 수덕사에 사는 많은 선지식들과 큰스님들을 모시고 살면서 일을 참 많이 했습니다. 그때는 큰스님들이 시키는 것이 절대 법이라고 생각했기 때문에 힘든 줄 모르고 새벽 3시에 일어나서 밤 9시가 지날 때까지 일을 하고, 공양주, 채공을 3년 동안 하루도 빠지지 않고 했습니다. 그것만 했던 게 아니라, 밭을 매고 모를 심고 보리도 베고 모두 그렇게 살았습니다. 그때 그런 아주 독한 시집살이 같은, 어떻게 어른들이 그렇게 잔인할 수 있었나. 지금 생각하니 그렇습니다. 요즘 그랬다면 인권유린으로 경찰에 잡혀갔을 것입니다. 그런데 다들 그렇게 시키고 또 하는 줄 알았기 때문에 그냥 열심히 살았습니다. 그리고 그때 그 시집살이 덕분에 지금은 어떤 일을 마주해도 어렵지 않습니다. 무슨 일을 해도 나는 괜찮아요. 그리고 그렇게 살아야 된다는 생각을 합니다.

그때 직지사 관응 노스님께 글을 배우러 갔었는데, 그곳에서 관응 노스님의 철저한 모습을 배웠습니다. 또한 그 당시 동산 큰스님이나 해인사 운허 큰스님, 자운 큰 스님, 지관스님, 지월스님도 계셨습니다. 이런 분들로부터 받은 영향이 오늘날 내가 절에서 꼼짝 못하고 사는 근본이라고 생각을 합니다. 그분들한테서 아주 큰 영향을 받았습니다.

동산 큰스님한테도 큰 영향을 받았는데, 아침 저녁 축원을 꼭 당신이 하십니다. 낮에도 물론 하시고요. 행선축원을 하시는데 아주 고요하게 잔물결이 흘러가는 듯한 그런 목소리로 차분하게, 키도 조그마하시고 귀티 나는 분이 축원을 하시는데 가슴이 시원해집니다. 그리고 아침 일찍 당신이 먼저 빗자루로 도량을 쓸기 시작합니다. 한때 나는 범어사에 가서 살았었는데, 당시 동산 노스님이 서울 올라가시면 서울 대중들은 먹을 것을 걱정 안 했습니다. 그 노스님 덕에. 반대로 범어사에서 서울에 올라가시는 순간, 범어사에 공양이 안 들어와요. 참 대단하신 복이 있으신 분이셨습니다. 그리고 범어사에 계실 때 보니, 대한민국 조계종의 종정이신데도 노스님은 산신각이고, 칠성각이고 조왕단까지 가서 절을 하셨습니다. 나는 그것을 지금도 충분히 이해합니다. 차별 없는 마음으로 절을 하신 것입니다.

너는 산신이니까 별 것 아니다 이런 것이 아니라, 당신의 절하는 심정에는 진정성이 있을 뿐이었다는 것입니다. 그렇기 때문에 그 분이 그렇게 넉넉하게 사셨지 않았나, 나는 그런 생각을 합니다. 그 영향이 항상 내게 있습니다.

사실 나는 그 큰스님들이 삶 속에서 우리한테 준 교훈은 상당히 크다고 생각을 합니다. 그런데 요새는 절집 안의 장로정신이 다 깨져버렸습니다. 그렇게 대중들한테 영향을 줄 수 있는 노스님, 큰스님들이 별로 없다고, 또 계셔도 말씀을 잘 안 하십니다. 요즘 공사 붙이면 달려든다고 하더군요. 이런 세태가 되면서 절 집안이 안 되는 것입니다. 장로정신이 분명히 살아서, 오래 수행하고 공부한 스님들이 '너희들의 삶은 이렇게 이렇게 살아야 한다.'고 분명히 지시해 주고 지도해 주셔야 되고,

그 지도를 받는 사람들은 진실하게 그것을 수용하고 실천해야 됩니다. 그래야 절 집안이 잘 되는데, '너하고 나하고 똑같다, 평등하다.' 이렇게 되어 위계질서가 다 깨지면 절 집안 꼴이 안 되는 것입니다.

나는 대중들을 모아 놓고 쓸데없이 잔소리를 많이 합니다. 그런데 잔소리를 수용하는 대중들은 사실 별 사고가 없습니다. 반면 수용을 안 하면 그 때부터 그 사중은 분란이 일어나기 시작합니다.

이런 것들이 경건한 마음이고, 이런 경건한 마음이 사중을 휩쓸어야 됩니다. 그렇지 않으면 공연히 들뜨고 건방지고 되지 못한 갑질 하고 못된 짓하게 됩니다. 절 집안이라고 하는 곳은 이해관계의 집단이 아니잖습니까. 우리는 함께 대도를 향해서 가는 사람들이에요. 서로가 이해하고 존중하면서 어른들은 밑에 사람들을 무진히 사랑하고 감싸주고 밑에 사람들은 어른들을 존중하고 위해줌으로써 상하가 화합이 되는 집안이 잘되는 집안이됩니다. 그것이 무너지면 절 집안은 끝장입니다.

그런데 지금 그런 풍토가 점점 무슨 민주주의니 뭐니 해가지고 요새 요란이 났습니다. 절 집안인데 민주주의를 해야 된다는 것입니다. 부처님은 어떻게 보면 정말 대단한 분입니다. 모든 대중들의 평등을 실천하도록 하셨습니다.

지배하고 지배 받을 존재가 없는 속에서 이해가 공존하고 서로가 존중하는 풍토가 절 집안이어야 됩니다. 그런데 요새 그렇지 못한 것이 사실 딱합니다. 그것이 다 신심에 걸려서 그런 것입니다.

신심과 원력과 공심이 우리 스님네들의 마음속에 잠기고 흘러야지, 신심, 원력, 공심 없는 그런 집단은 황폐해진 들판과 같은 것입니다. 그래서 신심 있고 원력 있고 공심이 있으면 그 훈훈하고 아름다운 바람과 자비스런 바람이 항상 불고 불어 삶이 하루하루가 똑같은 삶인 것 같지만 그렇게 아름답고 거룩할 수가 없습니다. 우리가 그런 회상을 만들어 살았으면 좋겠고, 그런 분위기로 절 집안의 풍토를 만들어갔으면 좋겠다는 생각입니다.

삿된 신심을 이야기했습니다만, 마땅히 우리가 알아야 할 것은 바른 믿음에 또한 의심이 있다는 것입니다. 참선하면서 의심 안 하면 안 되잖아요. 이걸 잘 이해해야 됩니다. 참선하는데 의심하지 않으면 공부가 성취 안 됩니다. 화두를 타파하지 못하였기 때문에 의심이 생겨서 의심하는 그 생각이 더욱 깊어져 꾸준히 물러서지 않게 되면 어느 날 홀연히 한 생각이 열리게 됩니다. 이런 의심은 해야 됩니다. 큰 의심 속에 큰 깨달음이 있다는 것입니다.

참선을 할 때 다른 의심은 하지 않더라도 화두 의심은 철저히 해야 합니다. 그러므로 화두 하시는 분, 더구나 간화선 하시는 분들은 화두를 의심하지 않으면 깨달음은 오지 않습니다. 그래서 화두 의심을 꼭 하셔야 됩니다. 여우같은 잘못된 분별망상에 대한 의심은 없게 하더라도 이 화두 의심은 꼭 하셔야 한다는 것입니다.

57 일체불류一切不留는 무가기억無可記憶이라.

일체를 남겨 두지 말고, 어떤 것도 기억하지 마라.

기억하게 되면 번뇌 망상이 되어서 그로 인해서 도에 장애만 늘어날 뿐입니다. 어떤 것이 불류입니까. 심행처멸心行處滅이 일체분류입니다. 심행할 곳이 없는 것을 일체분류라고 합니다. 언어도단言語道斷을 무가기억이라 합니다. 무가기억은 언어도단을 의미합니다.

밖으로는 버릴 법이 없으니 일체를 남겨두지 않고, 안으로는 마음으로 가히 할 것이 없으니 기억할 것도 없다는 것이지요. 이것을 일체분류 무가기억이라고 합니다. 요달해 보면 한 물건도 없고 사람도 없고 부처도 없습니다. 일체분류가 자연스럽게 될 수밖에 없습니다. 한 물건도 두지 않으면 그 두지 않는다는 것은 이 마음이 열려 버리면,

즉 요달해 버리면 한 물건도 없게 되기에 거기에는 사람도 없고, 부처도 없고, 범부도 없고, 성인도 없고, 일체가 다 없는 자리입니다. 그러니 거기다 뭘 끼워 넣고 생각할 필요가 없지 않겠습니까. 깊이 이해하고 생각해 볼 일입니다.

58 **허명자조虛明自照하야 불로심력不勞心力이니라.**

텅 비고 밝아서 스스로 비추니 마음을 수고롭게 할 필요가 없다.

공연히 마음 쓸 필요가 없다는 것입니다. 청정하여 그 가운데 다른 것은 용납하지 않는 것을 허虛라고 합니다. 여기서 허라고 하는 것은 허공虛空의 허가 아니고, 마음속의 모든 청정이 만들어져서 그 가운데 다른 것을 하나도 용납하지 않는 것을 허虛라고 하는 것입니다. 여의주가 홀로 빛나고 달이 홀로 밝은 것을 명明이라고 합니다. 그렇기 때문에 허명虛明이라 하면 물건이 오면 물건을 비추고, 일체 것을 다 비춥니다. 여기서 무엇을 다시 어쩌려고 마음을 쓰고 할 필요가 없습니다. 마음을 쓰게 되면 허명자조가 되질 않기 때문입니다.

59 비사량처非思量處이니 식정난측識情難測이라.

사랑할 곳이 아니니 식정으로 측량하기 어렵다.

정말 언어의 도가 끊어져 버렸습니다. 심행처가 끊어진 자리입니다. 그렇기 때문에 지도至道를 이야기하면서 '간택을 꺼린다.' 또는 '증애를 하지 마라.' 하면 이런 것들은 모두 분별이 됩니다. 그 분별의식을 잘 이해해야 합니다.

마음과 식이 둘인 양, 다른 것인 양 따지려 하다보면, 미迷했을 때는 식識이라고 하지만 깨달았을 때는 심心이라 하게 됩니다. 이렇듯 잘못 생각하면 심식心識이 둘이라고 생각을 하는데, 깨달은 상태에서 심식은 둘이 아니고 하나입니다. 깨닫지 못하면 정식情識이 분명합니다. 깨닫지 못한 중생들은 심식이 분명할 수밖에 없습니다. 그래서 깨달은 상태에서는 정식이라 할지라도, 육진이라 할

지라도 그건 참모습입니다. 비사량처라, 사량할 곳이 아니니라. 식정난측, 정식으로는 알 수 없는, 헤아릴 수 없는 것이니라.

60 진여법계眞如法界는 무타무자無他無自라.

바로 깨친 진여법계는 나도 없고 남도 없다.

이 자리에 가서는 정식이라는 것이 붙으려고 해도 붙을 수가 없습니다. 진여법계라는 것이 일심을 총칭해서 말하는 것입니다. 마음 밖에 별 다른 법이 없으니 이미 자타自他의 증오憎惡가 있겠습니까. 특별히 '자自다.' '타他다.'하고 내세울 수가 없는 것입니다. 내지, 산하대지와 유정무정도 있다고 할 수가 없습니다. 비록 있다고 할 수는 없지만 자타의 물상物象이 분명히 존재하고 있습니다.

왜 그런가. 진여법계眞如法界는 마치 금에 비유할 수 있습니다. 진여법계를 금덩어리라고 한다면 컵이나 주전자 내지, 비녀나 반지 이런 것들은 모두 차별로 나타난 법계상法界像입니다. 금으로 만든 가지가지 현상이 금과 둘인가 하나인가. 둘이 아니고 하나입니다. 그렇기에 진여법계는 하나라고 하는 것입니다. 무타無他 타도 없고, 무자無自 나도 없다. 남도 없고 나도 없으면서 자신과 남을 분명하게 이해하고 분별하는 것입니다.

61 요급상응要急相應인댄 유언불이唯言不二라.

급히 상응하려고 할 것 같으면, 오직 둘이 아니라고 말하리라.

진여眞如와 현상법계現象法界, 진법眞法이 심心과 법法이 둘인가. 둘이 아닙니다. 심법心法이 둘이 아니고, 오직 둘이 아닌 하나일 뿐입니다.

모든 현상계가 상대적인 이치로써 형성되어 있지만, 그 자리에서 조화의 극치인 '둘이 아니고 하나'인 도리를 알아야 하는 것입니다.

62 불이개동不二皆同해서 무불포용無不包容이다.

둘이 아닌 그 경지는 다 같아서 포함되지 않는 것이 없다.

불이개동不二皆同, 둘이 아니면 모두가 같다. 이 글을 글대로 직역하면 '둘이 아닌 것은 다 하나여서 포함되지 않음이 없다.'입니다. 이것을 의역을 하자면 '둘이 아니면 모두가 같기 때문에 포용하지 않는 것이 없다.'입니다. 이렇게 의역을 좀 하면 이해하기가 편할 것 같습니다.

부처님께서 '법화경'을 설법하실 때, 오천 비구가 법석에서 물러갔다고 합니다. 부처님께서 법화경의 인불사상人佛思想인 '사람이 곧 부처다.', '그대로 너 자신이 부처다.'라고 하시니 이승, 삼승이었던 그 비구들 오천 명이 다 떠나버렸습니다. 그 후 수보리존자를 비롯한 제자들이 다시 회의해서 돌아오긴 했지만 일승불一乘佛을 이야기할 때 대부분이 그 자리를 떠났습니다.

부처님께서 45년 동안 설법하신 것은 차례차례 인성을 끌어 올려서 오로지 그 일승 자리, 그것만을 일러주기 위해서였습니다. 처음에는 화엄경을 설하셨지만, 알아 듣는 사람이 없어서 방편으로 아함, 방등, 그 다음에 반야, 반야경을 22년 동안 제일 오랫동안 설하셨지요. 그 다음에 법화경, 열반경 이렇게 설법을 하셨습니다.

그 중 '법화경'에서 일승불이라고 하는 '마음이 곧 부처요, 부처가 곧 마음'이라고 하는, 또 '사람이 부처'라고 하는 말씀을 하실 때 수많은 부처님 제자들이 그 현장을 잠시 떠났던 사실이 있습니다. 이렇듯 대승의 법은 당시 수용되기가 만만치 않았던 것입니다.

불립문자不立文字, 직지인심直指人心, 견성성불見性成佛의 삼법三法이 처음 중국에 들어왔을 때, 불교수행자 대부분이 법화경 및 다른 많은 경전을 연구했던 분들이 모두 경악하지 않을 수 없었습니다. '저거 미친놈들이네', '저거 외도네' "저것들 그냥 놔둬서는 안 되겠네"라고 했고, 그래서 달마스님에게 여섯 번이나 독약을 먹이려고 했던 것입니다. 달마스님께서는 다섯 번까지는 독약을 당신이 알아서 피했습니다만 여섯 번째는 '아, 이제 혜가한테 법을 인가했으니까 내 임무는 끝났다.'고 여기시고 스스로 독약을 수용했습니다. 말인 즉, 서쪽으로 가셨다지만 그 압박을 못 이겨 독약을 수용한 것입니다.

당시 서방에서 큰 도인인 달마스님이 오셨다고 하니 중국을 지배하던 양무제가 궁중으로 초청을 했어요. 양무제가 "나는 절도 많이 짓고, 탑도 많이 만들고, 경도 많이 찍어냈다. 그리고 스님들도 많이 모시고, 보시를 많이 했다. 나의 공덕이 얼마나 될까요?" 이렇게 물었습니다. 달마스님이 "없습니다." 한 마디하고 입을 닫습니다. 양무제가 기분이 아주 나빠졌지요. 다시 묻습니다. "대짐자수對朕者誰? 나를 대하고 있는 당신 대체 누구야?" 달마스님 대답하길, "불식不識. 몰라."

여기서 '몰라' 이 소리를 잘 알아들어야 합니다. 우리가 생각하는 그냥 '몰라'가 아닙니다. 달마스님은 '아, 이거 안 되겠네. 아직까지 근기가 안 되네. 이들은 전부 상相에 빠져서, 상정에 전부 빠져서 선법을 모르네. 불교를 모르는 자들이네. 부처님의 진수인 정법안장을 알려주려고 해도 알려줄 수 없는 그런 존재들이네.'

그 사람들이 경經을 모르는 것이 아니고, 부처

님의 경전을 다 읽고 외우고 하는 사람들이었지만 그렇게 여겼던 것입니다. 그래서 할 수 없이 소림굴에 가서 9년 동안 면벽을 하게 됩니다. 때를 기다리는 것이었습니다. 그리고 마침내 혜가라고 하는 제자를 만나게 됐습니다.

소림굴에 앉아 있는데, 어느 날 혜가가, 그때는 이름이 신광었는데, 이 신광이라고 하는 처사는 모든 학문을 다 익히고 제자백가의 모든 지식을 모두 습득했는데도 마음이 차질 않았습니다. 그래서 뭔가 속을 시원하게 해 줄 그런 존재가 없나 해서 동서남북을 헤매고 다니다가 굴속에서 9년 동안 가만히 앉아 있는 도사가 있다고 하니 찾아온 것입니다.

소림굴을 가보셨으면 아실 것이지만 아주 조그만 합니다. 거기서 어떻게 9년 동안을, 그 추운

겨울을 더운 인도에서 살다 오신 달마대사가 견뎠는지 모르겠습니다. 달마스님은 공력이 대단했던 분입니다. 정진을 하여 마음이 열리면 사람의 체온이 1도 정도 더 올라갑니다. 그래서 춥더라도 추운 것을 몸이 견디고 더운 것도 잘 견뎌냅니다. 내가 보기에 소림굴에서 달마스님이 추운데 불도 안 떼고 법력에 의해 당신을 유지하지 않았겠느냐는 생각을 합니다.

그곳을 신광이 찾아갔습니다. 몇 번 찾아갔지만 본 척 만 척이었습니다. 세 번째는 끝장을 보리

라 작심을 하고, 눈 오는 겨울 초저녁에 찾아갔는데 달마대사는 벽을 향해 앉아 본 척 만 척입니다. 밤새도록 내린 눈이 쌓여 무릎을 지났는데도, 끝장을 보리라 마음먹었던 신광은 꼼짝 않고 밖에서 있었던 것입니다.

새벽녘 달마스님이 휙 돌아보시고는 "그대는 누구인가?" "네, 저는 아무개입니다만" "어째서 왔는가?" "도를 배우기 위해 왔습니다." 달마스님께서 신信을 보여라 하니 신광은 그때 차고 있던 칼을 뽑아 왼팔을 잘랐다. 말인즉 눈 속에서 파초잎이 솟아올라 잘려진 팔을 받았다 하지요. 달마스님이 신광에게 말을 해 보라 하니 "제가 마음이 심히 괴롭습니다." "그러면 마음을 가져오너라. 내가 너의 마음을 고쳐줄게." 혜가가 마음을 아무리 찾아봐도 없으니 "아무리 찾아봐도 없습니다." 달마스님께서 "이미 네 마음을 내가 편안케 했노라” 거기에서 신광은 깨달음을 성취합니다. 그리하여 인가를 받고 혜가라는 법호를 얻게 됩니다. 그렇게 함으로써 달마스님께서는 자기 임무가 모두 끝이 났습니다. 그래서 다음에 주는 여섯 번째 사약을 받고 돌아가십니다.

웅이산이라고 하는 곳에 탑을 만들고 그 곳에다 돌아가신 달마스님 시신을 그대로 탑 속에 모셨습니다. 당시 송운宋雲이라는 중국 사신이 인도를 갔다 오는데 외교관이니까 혼자 갔던 것이 아니라 몇 십 명을 끌고 갔습니다. 당시는 중국에서 인도를 갔다 오는데 일 년이 걸릴 때도 있고 반년이 걸릴 때도 있고 그랬습니다. 이 송운이라는 거사는 불교를 좋아했고, 달마스님을 참 좋아했던 분입니다. 케시미르 국경 지역 총령이라는 곳에서 여러 동료들과 쉬고 있는데 달마스님이 저 밑에서 짚신 한 짝을 매단 석장을 짚으며 맨발로 걸어 올라오시는 것입니다. 반갑게 맞이했죠. "큰스님 어쩐 일이십니까?" 했더니 "나는 너희 나라에서 일을 모두 보았기에 우리나라로 간다. 돌아가면 너희 왕에게 안부나 전해라. 내가 떠나간다고." 송운이 돌아와서 귀국 보고를 끝낸 다음에 왕에게 국경지역 총령에서 달마스님을 만났던 이야기를 합니다. 그랬더니 "그게 무슨 소리냐? 삼년 전에 이미 죽었는데 무슨 소리냐?" "아닙니다. 그 때 저와 함께 있던 사람들과 같이 봤습니다." 그래서 탑을 열어 보니 신발 한 짝만 있고 시신은 없어진 것입니다.

그래서 천도재薦度齋 시식施食할 때 착어법문着語法門에 '총령도중수휴척리葱嶺途中手携隻履, 달마대사께서는 총령을 넘으시며 손에 한쪽 신발짝을 지니고 가셨도다.'라고 하지 않습니까. 그런 도리가 있는 것입니다.

이렇게 본다면 부활절을 계속 해야 됩니다. 신라의 해공스님도 죽어 없어졌는데 다시 살아나 대안대사하고 대화하는 이야기가 있지 않습니까. 절 집안에서 부활절을 하려면 부활절만 하다가 끝이 날 것입니다. 우리나라도 부활한 사람이 여럿입니다. 하지만 불가佛家에선 그런 것을 대단하게 여기질 않습니다.

이것이 달마스님께서 그때 당시 '직지인심 견성성불直指人心 見性成佛'을 내세웠을 때, 불교가 이미 중국에서 교리적으로는 발달하고 국가의 보호를 받았습니다만 실제로는 상당한 핍박을 받았던 시절의 이야기입니다.

교종教宗한테 눌리고, 율종律宗한테 억압당했던 것입니다. 겨우 선禪의 명맥命脈을 이어오다 오조 홍인 때 동산법문이라고 하는 법회를 만들어서 7백 대중이 살았다고 합니다. 그 때 비로소 독립된 자기 선방을 갖게 됩니다. 이게 중국 선종의 역사입니다.

이런 이야기들을 보면 당시 선방 사람들을 무시하고 그랬었는데, 불법을 몰라서 그랬겠습니까. 나는 지금도 이런 생각을 합니다. 우리 선방 스님네들도 아셔야 할 것이 우리 한국불교의 전통은 사교입선이였습니다. '사교입선捨教入禪, 교리를 다 버리고 입선한다는 것이 아니라 교리 배우는 것을 끝내고 선방에서 선을 한다.'는 것입니다. 한국불교는 그것이 전통인데, 사교입선한다는 것이 완전히 교리를 다 무시하고 선을 한다는 것으로 여겨지고 있습니다.

세월이 유수流水 같다는 이야기를 많이 합니다. 옛 분들이 말씀하시기를 세월이라고 하는 것은 나이 따라 간다고 합니다. 십대는 시간이 그렇게 빨리 가는 것 같지 않아 빨리 어른이 됐으면 좋겠다는 생각을 했는데, 이십대가 되니 조금 더 빨리 가는 것 같고, 삼십대가 되니까 더 빨리 가는 것 같아요. 말하자면 십대 때는 10km로 가고, 이십대 때는 20km로 가고, 삼십대 때는 30km로, 사십대는 40km, 오십대는 50km, 육십이 지나니까 가는 세월이 얼마나 빠른지 '아, 유수와 같다'라는 생각을 하게 되었습니다. 그런데 칠십이 넘으니까 '이거 화살과 같구나!' 이렇게 되더군요. 얼마 안 있으면 80km로 갈 것 같은데, 눈 깜짝할 사이에 계절이 바뀌고 지나갑니다.

해인사에 가면 일주문 기둥에 '역천겁이불고歷千劫而不古, 천세를 지나더라도 옛이 아니고, 긍만세이장금亘萬歲而長今, 만세에 뻗쳤더라도 바로 지금이다.' 고 하는 주련이 있는데, 여기도 보니 일즉다다즉일一卽多 多卽一도 나오고, 일념만년一念萬年이라는 이야기도 많이 나오고 그럽니다.

참으로 과거 선사들은 온 우주의 법성을 모두 깨달아서 철저한 자기 살림살이로 표현을 했습니다. 이 『신심명』도 역시 승찬스님께서 후배들이 공부해 나가는데 행여 잘못 될까봐, 상황에 집착하고 생각에 물들어 잘못 공부를 지을까봐 염려하는 마음으로 불이법不二法, 둘이 아니라는 법을 말씀하셨고, 둘이 아니라고 하는 신심은 대체 뭔가? '둘이 아닌 것이 신심이고, 신심은 둘이 아닌 것이다.'라는 것을 강조하여 말씀을 하셨습니다.

63 **시방지자十方智者는 개입차종皆入此宗이라.**

시방의 지혜로운 이들은 모두 이 종宗에 들어옴이라.

화엄경에서 말씀하시길, '여래의 진실한 경계는 그 모양이 허공과 같아서 모든 중생들이 다 그 속에 들어가도 들어감이 없다. 如來眞境界 其量等虛空 一切衆生入 其實無所入'라고 했습니다.

또 영명연수 선사는 '마음의 진여문은 처음부터 떠나고 머무름이 없는데, 다만 미迷한 이는 나갔다고 하고, 깨달은 사람은 들어왔다. 心眞如門初無離在 但迷者喩出 悟者喩入'라고 비유했습니다.

미오迷悟를 가지고 어찌 나오고 들어감이 있다고 할 수 있겠는가. 이 진여법계는 들어가고 나오는 것이 없습니다. 그런데 할 수 없이 중생들을 가르치기 위해서 미한 사람은 나갔다고 하고, 깨달은 사람은 그 종지에 들어왔다고 이야기하는 것입니다.

64 **종비촉연宗非促延이니 일념만년一念萬年이라.**
종지란 짧거나 긴 것이 아니니 한 생각이 만년이로다.

그 종지宗旨라는 것, 중도의 경지, 원융하고 조화로운 경지는 짧거나 긴 것이 아니고, 들어오는 것도 나가는 것도 아니고, 크거나 작거나 한 것도 아닙니다.

시간적으로 짧거나 긴 것이 아니라는 것은 시간과 관계가 없다는 것입니다. 즉 시간을 초월한다. 그리하여 한 생각이 만년입니다.

65 무재부재無在不在 시방목전十方目前이라.

있고 있지 않음도 없어서 시방이 목전이다.

재부재在不在도 아닙니다. 무재부재無在不在 있거나 있지 않음도 아닙니다. 시방이 눈앞이라. 여기서 시방十方이라는 것은 모든 일체 지도至道의 성품자리가 눈앞에 그냥 와있다, 그대로 드러난다, 어디 멀리 갈 것도 없고, 있는 그대로 자연 그대로 거기에 가감이 없이 그대로 드러나고 있다는 것입니다.

비거래금非去來今이라, 과거도 아니고, 미래도 아니고, 현재도 아니라 삼세가 일념一念일 뿐입니다. 앞에서 내가 '역천겁이불고歷千劫而不古요, 긍만세이장금亘萬歲而長今이라 말씀을 드렸지 않습니까.

66 극소동대極小同大니 망절경계忘絶境界라.

지극히 작은 것은 큰 것과 같아서 경계가 모두 끊어졌다.

지극히 작은 것은 큰 것과 같아서 모든 상대적인 경계가 다 끊어진 자리, 지극히 큰 것은 지극히 작기 때문에 지극히 크다고 했습니다.

67 극대동소極大同小니 불견변표不見邊表니라.

지극히 큰 것은 작은 것과 같아서 변표를 볼 수가 없다.

지극히 큰 것은 작은 것과 같아서 겉을 볼 수가 없다. 알 수가 없다. 끝과 겉모습을 알 수가 없다는 것입니다.

68 유즉시무有卽是無 무즉시유無卽是有라.

있는 것이 곧 없는 것이고, 없는 것이 곧 있는 것이다.

유와 무도 마찬가지입니다. 그것은 상대적인 이야기인데 그 상대相對라고 하는 것이 이미 스러져 없기 때문에 여기는 무가 유고 유가 무입니다.

69 **약불여차**若不如此**면 필불수수**不必須守**니라.**

만약 이와 같지 않다고 하면, 반드시 그것은 지켜서는 아니 된다.

만약 이와 같은 안목과 지혜가 아니라면 지킬 필요가 없다는 것입니다.

그런데 중생들은 이와 같이 않지요? 중생들은 이와 같지 않습니다. 큰 것은 큰 것이고, 작은 것은 작은 것입니다. 너는 너고 나는 나입니다. 과거는 과거고 현재는 현재란 말입니다. 그렇게 되면 갈등과 분별, 시비와 집착 속에 영원히 생사의 길에서 벗어날 길이 없습니다.

70 일즉일체一卽一切요 일체즉일一切卽一이라.

하나가 곧 일체요 일체가 곧 하나이다.

법성게法性偈에 있는 그대로입니다. '일중일체다중일一中一切多中一 일즉일체다즉일一卽一切多卽一 일미진중함시방一微塵中含十方 일체진중역여시一切塵中亦如是.'

그대로입니다. 하나가 곧 모두요, 모두가 곧 하나다.

71 **단능여시但能如是면 하려불필何慮不畢이라.**

다만 능히 이렇게만 된다면, 어찌 마치지 못함을 염려하겠는가.

이렇게만 된다면, 능히 이와 같이만 된다면 어찌 마치지 못할까 근심하랴. 뭘 마치지 못할까요? 대도를 성취 못할까 걱정할 필요가 없다는 것입니다. 성불작조成佛作祖를 하지 않으려 해도 이렇게만 된다면 견성見性이요, 성불成佛이요, 작조作祖입니다.

삼조승찬 스님께서 『신심명』을 내면서, 신심이라는 것은 두 가지가 있다. 첫째는 정신正信이요, 두 번째는 사신邪信이라고 했습니다. 정신은 내 마음이 그대로 부처라고 믿고 정진하는 것이 정신입니다. 사신은 부처가 어디 다른 것에 있는 줄 알고, 바깥을 향해서 특별하게 뭐가 있는 것처럼 그쪽을 헤매고 다니는 것을 사신이라고 합니다.

삼조승찬 스님께서 『신심명』을 만든 이유는 우리들한테 공부하는 것에 헛갈리지 마라, 착각하지 마라, 오인하지 마라. 이런 것을 아주 철저하게 강조하신 것입니다. 둘이 아닌 법, 불이법不二法을 이야기하신 것입니다.

앞에서 '방비方比할 수 없다'는 이야기가 있었습니다. 비야리성에서 부처님의 재가 중에 최고 보살인 유마거사가 칭병稱病하고 앉아 있을 때, 부처님의 제자들이 차례로 문병을 와서 "왜 아프십니까?"하고 묻습니다. 유마거사는 "중생이 아프니까 내가 아픈 것이다. 중생의 병이 다 고쳐지면 내 병도 고쳐질 것이고, 중생이 아프면 내 병은 계속 아플 것이다." 라고 대답을 합니다. 재가 처사로서 중생을 연민하는 마음이 그렇게 간절했습니다.

유마거사가 있는 방이 열 평 남짓하였는데 여

기서 방장方丈이라는 말이 나왔습니다. 그런데 불가사의하게도 열 평 남짓한 그 방에 수많은 시방세계의 모든 제불보살과 찾아온 모든 사람이 모두 다 들어가도 채워지질 않았습니다. 그것이 불견변표입니다. 얼마나 큰지 그 끝과 겉모습을 알 수가 없다는 것입니다. 망절경계忘絶境界라는 것도 그런 것입니다.

그렇다면 신통神通으로 만들어진 방이라는 말인가. 이렇게 차별심을 내면 그 이치를 알 수가 없습니다. 변표의 뜻을 알 수 없고, 경계의 뜻을 알 수 없습니다. 변표가 없고, 경계가 없는 것을 유주무有住無라 하고 무주유無住有라고 합니다. 이런 경계가 아니라고 한다면 굳이 그것을 지킬 필요가 없습니다. 다만 이와 같다고 한다면 성취 못할 것이 어디 있는가. 즉, 무엇을 마치지 못할까 근심할 필요가 없다는 것입니다.

72 **신심불이信心不二요 불이신심不二信心이라.**

신심은 둘이 아니요, 둘이 아님이 신심이라.

믿는 것과 마음이 둘이 아니라는 것입니다. 믿는다는 것은 마음이 믿는 것입니다. 그런데 마음이 무엇을 믿습니까? 마음을 믿는 것입니다. 그래서 믿는 것과 믿을 대상이 둘이 아니어서, 그 둘이 아닌 것을 신심이라고 하였습니다.

73 언어도단言語道斷요 비거래금非去來今이라.

언어의 길이 끊어져서 과거 미래 현재가 아니다.

언어도단, 언어의 길이 끊어진 자리입니다. 어떤 말로도, 어떤 형상으로도 그 경지를 표현할 수 없습니다. 다만 과거 현재 미래도 아닙니다. 이것은 불가사의한 경계입니다.

금강경에서 말한 '과거심불가득 현재심불가득 미래심불가득'을 새겨볼 일입니다.

『신심명』 처음 글귀부터 다시 한 번 해석을 하겠습니다.

지도라고 하는 것은 어려움이 없다.
오직 간택만 꺼릴 뿐이다.

다만 미워하고 사랑하는 것만 하지 않으면
확 트여서 분명해지리라.

그런데, 조금이라도 차별심을 낸다면
하늘과 땅처럼 그 거리가 멀어지리라.

지도至道가 앞에 나타나길 바라거든
순응하고 거역하는 생각을 두지 마라.

인간이 이렇습니다. 어떤 것을 보면 그것이 좋다고 좇아가고 마음에 안 들면 애시당초 본척만척 하잖습니까. 그런 차별심을 내지 말라는 것입니다.

어기고 따르는 것이 서로 다투게 되면

이것이 마음의 병이 되느니라.

현지至道를 알지 못하면

한갓 조용하려고만 힘을 쓴다.

현지는 지도와 마찬가지입니다. 조용하면 좋은 줄 알지요. 동정에 일여한 삶을 살아야 되고, 동정에 일여한 공부를 해야 합니다. 처음에 초심자들이야 조용한 것을 선택해 모든 반연을 끊고 외식제연外息諸緣하고 내심무천內心無喘한 바탕 위에서 공부를 해야 되겠습니다. 그러나 공부가 적어도 5년이나 혹은 10년이 지났다면 동정에 관계없이 해야 됩니다. 10년, 20년이 지나도 조용한 곳만 찾아다니면서 마음만 쉬게 하려고 하면 그 공부는 성취가 안 됩니다.

그 둥글기가 큰 허공과 같아서 모자람도 없고 남음도 없다.

우리 자성자리는 이렇게 큰마음을 가지고 있는데, 스님이 되어서 좀팽이 같은 마음을 가지고 왔다 갔다 하는 사람이 많습니다. 나도 그렇습니다. 마음이 좁아서 조금도 용납 못하는 아주 좀팽이 같은 삶을 사는 사람이 너무 많습니다.

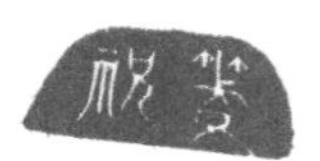

진실로 취하고 버리는 것으로 인해서

그런 까닭에 여여하지 못하느니라.

유연을 좇지도 말고

공인에 머물지도 말라.

유연이라고 하는 것은 번잡한 인연, 모든 인연을 유연이라 하는데, 어떤 사람은 유연을 세속의, 세간의 인연이라 얘기합니다. 이것은 전체를 반연하는 것입니다. 공인이라는 것은 공에 빠져 있는, 공을 잘못 인식하고 있는 공인입니다.

한 가지를 잘 바로 지니면
모든 것이 사라져서 스스로 없어지리라.

나는 일종을 중도로 보고, 지도로 봅니다. 그렇게 보면 상당히 편해집니다. 지도라는 것은 증애가 없어진 자리요, 간택이 없어진 자리이기 때문에 그렇습니다.

움직임을 그쳐서 그침으로 돌아가면
그 그침은 다시 큰 움직임이 된다.

움직이는 것을 그쳐서 그침으로 돌아가려고 한다면 그 그치려고 하는 그것은 도리어 더 큰 움직임이 되어서 파장을 일으키고 만다는 것입니다.

오직 양변에 꽉 막혀 있으면
어떻게 일종을 알 수 있겠는가.

일종을 통하지 못하면
두 가지가 서로 공덕을 다 잃어버릴 것이다.

유를 없애려고 하면 유에 빠지게 되고
공을 좇으려고 하면 공을 배반하게 되는 것이다.

망상 안 하겠다고 하면 그게 망상입니다. 유무를 다 놓아버리면 자연히 텅 비워지게 됩니다.

말을 많이 하고 생각을 많이 하면
더욱 더 상응하지 못하리라.

전轉은 우리말로 하면 더욱 더, 점점 더 이 말입니다. 상응은 득도가 아니겠습니까.

말을 끊어 버리고 생각을 다 끊어 버리면
통하지 않는 곳이 없느니라.

근본에 돌아가면 종지를 얻을 것이고
비춤을 따르게 되면 종지를 잃게 된다.

'조照'는 회광반조라고 하는 조와 다르다고 했습니다. 이 '조'는 괜히 집착하는 것을 뜻합니다. 강을 건너갔으면 배는 내버려야 되는데, 배를 붙잡고 있는 것은 집착이지요. 법집입니다.

잠깐 사이 돌이켜 비추면

앞의 공보다 뛰어나리라.

여기 '조照'는 회광반조回光返照입니다.

앞의 공이 거듭 변하는 것은

다 망견 때문이다.

허명한 자리, 텅 비어 일체가 다 없는 가운데 진공해야 묘유가 나옵니다. 진공한 자리에서 묘유가 나오는 것이지요. 그런데 묘유가 동시적이냐 아니면 순차적이냐 이런 얘기를 하는데 진공하면 묘유가 곧바로 만들어집니다.

참됨을 구하려 하지 말고

오직 망령된 견해만 쉬어라.

잘못된 것들, 즉 차별심, 분별심, 집착심을 쉬어버리라는 것입니다.

두 견해에 머물지 말고

삼가 좇아가 찾지 마라.

뭔가 추구하는 생각을 하지 마라. 이견에만 머물지 않으면 자연적으로 자성자리는 드러나게 되어 있는데, 이견에 머무니까, 양변에 걸리니까 그 자성자리가 드러나지 않는 것입니다.

잠깐이라도 시비를 일으키면
분연해서 그 본마음을 잃어버릴 것이니라.

'재才'는 겨우 재 자. 시비가 일어나는 순간에 어지럽고 복잡하고 갈등해서 그 정심을 잃어버리게 됩니다. 본마음을 잃어버리게 될 것이라는 말입니다.

한 마음이 나지 아니하면
일만 법이 허물이 없어지니라.

무생법인無生法忍. 무생이라고 해서 아무 생각이 없는 것은 아닙니다. 일체 분별이 떨어진, 차별이 떨어진 마음입니다. 분별심, 차별심이 떨어진 것을 불생不生이라고 합니다.

허물이 없으면 법도 없어
나지 않으면 마음이라 할 것도 없다.

법이라고 하는 것은 마음의 법이니, 마음이 허물없다면 법이 있을 수 없습니다. 마음이니 뭐니 하는 것이 모두 다 할 수 없이 하는 소리인데, 정작 마음이라고 할 것도 없습니다.

주관은 객관을 따라 없어지고
객관은 주관을 좇아 없어진다.

능은 주관이고, 경은 객관입니다. 기멸起滅을 똑같이 합니다. 일어나기도 하고 없어지기도 합니다.

경은 능 때문에 있는 경이고,
능은 객관을 말미암은 능이다.

경은 혼자 존재할 수가 없습니다. 주관 때문에 경계가 나타나고, '나'라는 주관이 있기 때문에 객관이라는 객진이 있는 것입니다. 객관은 주관으로 인해서 만들어진 경입니다. 객진번뇌라고 할 때, 중생들을 윤회의 중생이라고 합니다. 객진번뇌가 무엇입니까? 내가 육근인 안이비설신의로, 육진인 색성향미촉법을 봄으로 해서 생기는 것을 육식이라고 합니다. 대상을 그냥 보는 것이 아니라 눈으로 색을 보고 분별하고 저장을 합니다. 그것이 집착입니다. 그것을 물들었다라고 표현하는 것입니다. 육근이 육진에 물들었다, 육진에 물들기 때문에 이렇게 물드는 것을 중생이라고 합니다. 물들지 않는 것을 부처, 보살이라고 합니다. 육근이 육진에 물드니까 육식이 생기는데, 그 육식을 일러 객진번뇌라고 합니다. 그 객진번뇌로 인해서 중생 노릇을 하고 있는 것이지요.

그 양단을 알고자 할진댄
원래 이것은 하나의 공이다.

양단은 능경能鏡, 양단입니다. 능도 경도 다 공한 자리입니다. 없는 것인데, 있는 것으로 착각하는 것이 중생입니다. 그렇기 때문에 그 일공, 텅 빈 자리, 둘 다 능과 소가 없다고 하는 그 자리, 주관과 객관이 다 무너진 자리, 그것을 일러 해탈이라고 하고, 열반이라고 하는 것입니다.

하나의 공은 양쪽과 같으니
만상을 모두 머금었다.

정미로움과 거침을 보지 않으면
어떻게 치우침이 있겠는가.

초지일관, 『신심명』은 간택을 하지 못하게 둘이 아닌 지혜를 제시해 주는 것입니다. 여기는 정추精麤로 표현하고, 위에는 능경能鏡으로 표현하고, 염정染淨으로 표현하고 진망眞妄으로 표현했습니다.

이 대도의 체는 넓고 넓어서

쉬운 것도 아니고 어려운 것도 아니니라.

옹졸한 생각으로 의심을 하게 되면

서두를수록 점점 더 더디게 되리라.

소인배들입니다. 대심大心이 아니고 소심小心하니까 대도에 가까워질 수가 없는 것입니다. 소견으로 자꾸 의심하게 되면 점점 더 멀어지지 가까워질 수는 없습니다.

집착하면 법도를 잃어서
반드시 삿된 길로 들어갈 것이다.

갈 곳이 뻔합니다. 잘못 살면 지옥 가고, 축생 되고 별 수 있겠습니까. 중 되어서 잘 살아야지요. 모든 중생이 정말 잘 살아야 됩니다. 삼악도에 들어간다는 것은 고통도 고통이려니와 자유가 하나도 없기 때문에, 공부할 수 있는 길이 막혀 버립니다. 한번 들어가면 나오기가 어렵습니다. 업을 바르게 하고 청정한 삶을 살고 공부를 해야 하는 이유가 여기에 있습니다. 공부를 잘못하게 되면 삼악도에 갈 수도 있습니다. 그렇게 되면 그 때부터 백천만겁난조우 하는 간절한 마음이 됩니다.

놓아 버리면 자연스러워서
그 본체는 가거나 오거나 머무름이 없다.

집착을 놓아 버려라. 양견해, 양단을 놓아버려라.

자성에 맡기면 도에 계합하게 되고
소요하게 되면 번뇌가 다 끊어진다.

자유스러운 것도 소요라고 하는데, 모든 것에서 자유스러워야 합니다. 일체에 걸림이 없어야 합니다. 부처에도, 조사에도, 범부에도, 진眞과 망妄에도 걸림이 없는 자리를 소요라고 합니다. 그렇게 소요하게 되면 모든 번뇌는 다 끊어집니다.

생각에 얽매이게 되면 참됨에 어긋나게 되고
혼침하게 되면 좋지 않게 된다.

여기서의 혼침은 잠자는 것만 이야기하는 것이 아닙니다. 잘못된 견해에 빠져버리는 것도 혼침입니다.

좋지 않으면 심기가 괴롭거늘
무엇 때문에 친소를 하려 하나.

혼침이 되어서 좋지 않게 되면 정신이 괴롭습니다. 심신이, 심기가 괴롭습니다. 그런데 무엇 때문에 친하고 친하지 않고 하는 그런 생각을 내려고 하느냐는 것입니다.

일승에 나가고자 하거든
육진을 싫어하지 말아라.

양변을 떠나게 되면 육진을 그대로 보게 되어 보리菩提고, 양변에 잠겨 있으면 육진은 육진일 뿐입니다. 번뇌즉보리煩惱即菩提요, 보리즉번뇌菩提即煩惱라는 것이 이런 이야기입니다. 육진이, 중생의 육근을 거쳐 나오는 모든 육식이 모두 번뇌라고 하지만 양변을 떠나서 집착이 모두 끊어져 버리면 그 자체가 보리로 변해 버리는 것입니다. 그렇기 때문에 육진과 보리를 둘이 아닌 것으로 본 것이기에 육진을 싫어하지 말라고 한 것입니다.

육진을 싫어하지 않으면
도리어 정각과 똑같이 되느니라.

보리가 되고, 지도가 되고, 중도가 된다는 말씀 아니겠습니까. 육진만 싫어하지 않으면, 즉 거기에 집착하지 말고, 빠져들지 말고, 물들지 말라는 것입니다.

지혜로운 이는 조작이 없지만
어리석은 사람은 스스로 끈을 만들어 얽어맨다.

법이라고 하는 것은 다른 법이 없거늘
망령되이 스스로 애착한다.

이것저것 따지고 짐작하는 것이지요.

마음을 가져서 마음을 쓰고 있으니 어찌 크게 그릇됨이 아니겠는가.

마음을 가져서 마음을 쓰고 있습니다. 마음을 가지고 이것저것 따져가며 쓰고 있는 것입니다. 이거다 저거다, 성인·범부를 생각하고, 증애를 생각하고 진망을 생각하면서 따지고 있으니 잘못된 것이다, 큰 착오라는 것입니다.

미하면 고요하고 산란스런 것이 생기고
깨달으면 좋고 싫음이 없어진다.

모든 두 양변은
자못 짐작하기 때문이다.

이변二邊, 양변兩邊이 만들어지는 것은 괜히 쓸데없이 짐작하기 때문입니다. 지레 분별하고, 지레 생각하고. 지레 짐작하고 공연히 오해하는 사람들이 많습니다. 그 오해가 사실은 짐작하는 것에서부터 출발하는 것입니다.

꿈, 허깨비, 헛꽃 같은데
어찌 수고로이 잡으려 하는가.

여몽환포영如夢幻泡影이고 여로역여전如露亦如電인데 무엇 때문에 그 복잡하고 어려운 것을 잡으려고 애쓰는가. 그것을 무엇 때문에 수고로이 잡으려 애를 쓰는가. 직역하자면 무엇 때문에 수고로이 그것을 잡으려고 하는가.

얻고 잃음과 옳고 그름을
한순간에 다 놓아버려라.

삼조 승찬스님이 "시비득실을 한순간에 다 놓아버려라, 이 중생들아. 이 불쌍한 인간들아." 이렇게 경책하는 것입니다.

만약 눈에 잠이 없어질 것 같으면

모든 꿈은 스스로 다 없어지고 만다.

마음이 만약 다르지 않으면

만법이 한결같을 것이다.

다르지 않은 것이 무엇인가. 양변을 떠난 자리입니다. 만법이 일여할 수밖에 없습니다.

한결같은 그 체는 현묘해서

올연히 모든 인연을 다 잊어버렸느니라.

불가사의한 현묘입니다. 망연, '잊어 버렸느니라'는 끊어져버렸다, 모든 인연이 다 없어져 버렸다는 것입니다.

만법을 평등하게 보면
귀복이 자연스러울 것이다.

제관은 평등하게 보는 것입니다. 어디로 귀복하는가? 지도至道입니다. 자성 자리. 자성은 가고오고 하는 자리가 아닙니다. 과거 현재 미래도 아닙니다. 그런데 중생들에게, 할 수 없이 말을 하려니까 이런 소리를 구차하게 할 수밖에 없는 것입니다.

그 까닭이 없어지면
가이 방비할 수가 없다.

어떤 까닭일까요? 괜히 이거다 저거다 따지는 까닭입니다. 뭐라고 비교하고 공연히 따지고 이렇게 할 수 없는 것입니다.

그치면서 움직이니 움직임이 없고

움직이면서 그치니 그침이 없다.

앞에서 동動이 나왔습니다. 동을 그치려고 하면 더욱 동해진다. 여기는 조금 다릅니다. 그치면서 움직이니 정 속에 동이 있고, 움직이면서 그치니 동 속에 정이 있습니다. 동정이 일여한 것입니다.

두 가지가 이미 성립이 되지 않는데

하나인들 어찌 있겠는가.

두 가지가 이미 성립이 되지 않습니다. 하나라는 것도 있지 않습니다.

구경과 궁극은 규칙을 두지 않는다.

구경이나 궁극이나 같은 것입니다. 거기엔 규칙이 없습니다. 앞에서 이야기했습니다. 삼계를 초탈한 대역보살에게는 지켜야 할 계율도 없고, 범해야할 계율도 없다. 대도大道는 불구소절不拘小節이라. 큰 도는 조그만 것에 구애받지 않는다고 했습니다. 일향삼매에 들어있으면, 일상삼매나 장엄삼매에 들어있다고 하면 모든 삼라만상 두두물물을 평등하게 봅니다. 이것을 일향삼매라고 내가 강조해서 이야기했습니다. 규칙이 없습니다.

마음이 평등에 계합할 것 같으면
짓는 것이 함께 쉬어진다.

모든 하는 행위가 한꺼번에 다 없어져 버린다. 쉬어져 버린다는 것입니다.

의심이 깨끗이 다 사라지면
바른 믿음이 곧아지고 바르게 되리라.

호의狐疑라고 하는 것은 여우 호 자입니다. 여우같이 의심하는 것을 깨끗이 다하면, 보통 이렇게 풀이하는데 호의를 여우처럼이라고 할 것 없습니다. 중생들의 의심병, 의심이 깨끗해져서 다할 것 같으면 이라고 하면 됩니다. 의심이 모두 사라져 없어졌다는 것입니다.

일체가 머물지 아니하면

가이 기억할 것도 없어.

그 자리에는 일체가 머물지 아니하여, 모든 의심이 모두 끊어져서 아무것도 없습니다. 어떤 것도, 한 물건도 기억할 것이 없습니다.

텅 비고 밝고 밝아서 스스로 비춰서

애써 마음 쓸 일이 아니다.

애써 마음 쓸 일이 아닙니다. 쓸 필요가 없습니다.

생각으로 헤아릴 곳이 아니니
정식精識으로도 측량하기 어렵다.

그 자리는 사량처가 아닙니다. 석가유미회釋迦猶未會하니 가섭기능전迦葉豈能傳이라는 이야기와 같은 이야기입니다.

진여법계는
남도 없고 나도 없다.

급히 상응하고자 하거든
둘이 아님을 말할 뿐이다.

지도에, 중도에, 자성에 상응하는 것입니다. 상응하려고 한다면 오직 둘이 아니라고 말할 뿐이다. 그 자리는 둘이 아닌 소식입니다.

둘 아닌 것은 다 같아
포함하지 않는 것이 없다.

모든 지혜 있는 사람들은
이 종에 다 들어온다.

이 종宗이라고 하는 것은 근본자리, 지도의 근본자리입니다.

근본자리는 짧거나 긴 것이 아니라
한 생각이 만년이다.

역천겁이불고歷千劫而不古요 긍만세이장금亘萬歲而長今이라.
오랜 천겁이 옛 아니요, 만세를 지났으나 항상 지금 이대로구나.

있고 있지 않는 것이 없어서

온 세상이 바로 눈앞이다.

여기 시방은 공간적인 모든 생명들을 이야기합니다. 그런데 시방이 목전이라는 것은 모든 것을, 삼라만상 두두물물을 다 눈앞에서 환히 보는 지혜입니다. 지혜가 일어난 자리입니다. 일체 삼라만상이 목전에 환히 드러나고 보인다는 이야기입니다. 비고비금非古非今, 과거도, 현재도 아니다. 과거 현재 미래가 한 생각에 다 꿰어졌습니다. 그저 오로지 한 생각뿐입니다.

가장 작은 것은 큰 것과 같아서
상대적인 경계가 다 끊어져 버렸고,

가장 큰 것은 작은 것과 같아서
그 가장자리를 알 수가 없어.

작아서 어디가 가장자리이고 어디가 끝인지 알 수가, 볼 수가 없습니다.

있는 것이 없는 것이고
없는 것이 있는 것이다.

만약 이와 같지 않다면
반드시 지킬 필요가 없다.

이런 경계, 이런 사항이 아니라고 한다면 반드시 지킬 필요가 없다는 것입니다.

하나는 곧 모든 것이요
모든 것은 하나니라.

일즉다 다즉일이지요.

다만 이와 같은데
어찌 마치지 못할까 근심하리오.

진실한 마음은 둘이 아니고
둘이 아닌 것이 진실한 마음이다.

『신심명』의 신심信心이라는 것은 둘이 아닌 것을 이야기합니다. 둘이 아닌 것을 신심이라 한다는 것입니다.

언어의 길이 다 끊어지니
과거도 미래도 현재도 아니다.

언어의 도道가 이미 다 끊어졌다는 말로 표현할 수 없는 극지, 구경, 궁극입니다. 과거도 아니고, 미래도 아니고 현재도 아닙니다. 언어도단言語道斷 심행처멸心行處滅입니다. 그렇기 때문에 언어와 문자로써는 알 수가 없는 것입니다. 공부해서 실질적으로 증험證驗할 수밖에 없습니다.

『신심명』을 잘못 읽게 되면 겉껍데기만 이해해서 집착을 더 할 수도 있습니다. 승찬스님께서 우리에게 이야기해주는 것은 여러분들이 공부를 해서 정말 둘이 아닌 경계를 체험할 수 있는 길의 방향을 보여주는 것입니다. 그래야 승찬스님을 이해하게 됩니다. 이 글을 보고 지금 둘이 아니니라, 양변을 떠나라. 이것만 알게 되면 정식情識으로 뻗쳐 나가 정식을 더 붙일 수 있습니다. 공부는 실제로 공부해서 견처見處가 나야 되지, 공부 하지 않고 입으로, 생각으로, 사량으로 하는 것은 자칫 잘못하면 정식만 더 보탤 수 있는 것입니다.

화 두 참 선 법

화두가 안 들리는 경우, 거기엔 많은 습성이 있어 그렇습니다. 내가 공부해 보니 정말 집중적으로 아주 한번 죽을 요량으로 해야 됩니다. 그리하여 화두가 잡혀져 점점 모여지게 되면 밥 먹으러 갈 때도, 일 할 때도, 어디를 부지런히 다녀와서도 잘 잡혀집니다. 화두 정진을 할 때, 처음에는 잠을 자면 모두 없어집니다.

어떤 사람이 어떤 문제를 가지고 마음에 집중하고, 간절히 생각하고 있으면 꿈에도 나타난다고 그럽니다. 그러나 화두 집중을 하다보면 꿈이 점점 없어집니다. 그 간절한 생각으로 잠자기 직전까지 화두를 붙잡고 있고, 눈 뜨자마자 후다닥 그놈을 잡고 있어야 됩니다. 그렇게 열심히 하다보면 망상이나 번뇌들이 끼어들지 못합니다. 그렇게 가다보면 이런저런 경계가 나타나기도 합니다.

'능엄경'에 나오는 오음마五陰魔가 나타나는 경우가 더러 있습니다. 그것들은 거의 모든 것이 심마心魔고, 외마가 0.1%, 1%가 될 수도 있습니다. 그것이 외마였든 내마였든지 간에 화두를 제대로 잡지 않아서 나타나는 것입니다. 그냥 열심히 화두를 잡고 있으면 내마, 외마는 자동적으로 쓰러져 없어집니다. 그리고 화두일념이 됩니다.

그런데 공부가 조금 익어서 환한 경계도 나타나고 방안도 환해지고 일원상一圓相도 나타나고 한다면 그때는 조심해야 됩니다. 조심 안 하고 잘못하면 가라 앉아 버립니다. 공부가 조금 되어가는 과정에서 그런 경계가 나타나는데 그때 가행정진을 해서 돌파해야 됩니다.

정진하다 보면 많은 장애가 옵니다. 때로는 환희심으로 밤이 가는 줄 모르고 정진이 될 때가 있고, 때로는 절망스러워 시들해져 이게 될까 말까 하는 이런 생각이 들기도 합니다.

앞에서 내가 의심하는 것이 가장 나쁘다고 얘기했었습니다. 하지만 화두 의심은 불퇴전의 신심을 가지고 어떤 경계가 나타났을 때, 화두를 생명줄과 같이 여겨 잡고 늘어지고 있으면 까닭이 나게 되고, 그래서 한 경계를 넘게 되면 두 번 다시 의심 않고 헤매지 않게 됩니다.

나옹스님이 이렇게 얘기하셨습니다. '염기염멸念起念滅이 위지생사謂之生死다. 생각이 일어나고 생각이 꺼지는 것을 이르길 생사이다.' 그래서 생사심이라고 합니다. 일순간에도 오백생멸이 있다고 얘기하지 않습니까. 그 정도로 마음이 상당히 복잡한 것입니다.

'당생사지제當生死之際하여 생각이 일어나고 꺼지는 그때를 당해서, 수진력재기화두須盡力提起話頭 하여라, 힘을 다해서 화두를 들어라.'

화두를 들다보면 기멸起滅이 즉진처卽盡處가 됩니다. 기멸이 없어집니다. 꺼지는 생각, 일어나는 생각이 없어집니다. 위지적謂之寂이라, 그곳을 적寂이라 합니다.

'적중寂中에 무화두無話頭면 고요한 가운데 화두가 없으면, 위지무기謂之無記라, 이것을 무기라 한다.' 그런데 그때 조심해야 됩니다.

화두가 있게 되면 그것을 영靈이라 하고, 화두가 달아나는 것을 무기無記라고 합니다. 거의 대부분이 무기에 빠져 버립니다. 무기에 빠져 버리면 공부가 안 됩니다. 그대로 끝이 납니다. 화두가 없는 그 상태, 무기를 유지한다는 것은 헛공부하는 것입니다. 그 상태가 너무 좋고 편안하니까 그냥 앉아서 하루 이틀 보냅니다. 몇 시간 가는 것은 순식간입니다.

만약 이 병을 고치지 않으면 그 공부는 끝입니다. 벗어날 수 있는 길은 힘을 다해서 다시 화두를 잡아드는 길뿐입니다. 그때 그 고비를 한번 넘게 되면 상당히 편안해지고 맑고 깨끗해집니다. 그래서 진력재기화두盡力提起話頭해서 그 화두와 동시에 신령스런 자리가 계속 유지되면 얼마 안 가서 화두가 타파되고 자성 자리가 열리게 됩니다.

화두 하나 가지고 죽어라 하십시오. 괜히 바꾸지 마세요. 한 번 받은 것 죽어라 하고 견지하는 것입니다. 그 길 밖에 없습니다. 그래서 화두 공부가 어려운 것입니다. 굳이 바꾸려고 한다면 견처가 있는 사람에게 가서 바꿔야 합니다.

화두 공부하는 중에 어떤 경계가 나타났을 때, 정말 강한 의지와 분심과 의심으로 쳐들어가야 됩니다. 그렇지 않으면 대부분이 주저앉게 되고, 스스로를 무너뜨리고 맙니다.

사흘 동안 여러분들과 승찬대사가 『신심명』에서 가르치고자 하는 가르침을 공부했습니다. 앞으로 여러분이 공부해 나가는데 참으로 도움이 되어 빨리 상응할 수 있는 지도至導가 현전할 수 있는 그런 계기가 되기를 바랍니다.

송원 설정스님 강설

신심명信心銘

초판 인쇄 2020년 1월 02일

초판 발행 2020년 1월 31일

역해 송원 설정 | 엮은이 혜광 | 엮은곳 대전광역시 서구 변동서로 27번길 20-3
펴낸이 김윤희 | 디자인 방혜영 | 펴낸곳 맑은소리맑은나라 | 출판등록 2000년
7월 10일 제 02-01-295 호 | 주소 부산광역시 중구 중앙대로 22 동방빌딩 301호
무단 전재와 복제를 금합니다 | ISBN 978-89-94782-69-0 03220 값 25,000원